독서디베이트

책 읽기의 혁명, 교육 혁명

독서디베이트

ⓒ 최은희·유 담

초판1쇄 발행   2014년 5월 30일
초판2쇄 발행   2015년 2월 12일

지 은 이   최은희·유 담
펴 낸 이   최종숙
펴 낸 곳   글누림출판사

책 임 편 집   이태곤
편집 디자인   안혜진
편   집   이홍주 권분옥 이소희 박선주 문선희 오정대
마 케 팅   박태훈 안현진
관   리   구본준

주   소   서울시 서초구 동광로46길 6-6(반포4동 577-25) 문창빌딩 2층(137-807)
전   화   02-3409-2055(대표), 2058(영업), 2060(편집)
팩   스   02-3409-2059
홈 페 이 지   http://www.geulnurim.co.kr
전 자 메 일   nurim3888@hanmail.net
등 록 번 호   제303-2005-000038호.(2005. 10. 5)

ISBN 978-89-6327-262-7 03370

정가 15,000원

독서디베이트

책 읽기의 혁명, 교육혁명

최은희·유 담 지음

책 읽기 혁명, 교육 혁명 독서디베이트

"돈의 유혹 앞에 무릎 꿇지 않는 사람이 얼마나 있을까?"

진도 앞바다에서 일어난 '세월호' 참사를 겪으면서 심각하게 고민하게 되었다. 세월호 사고의 표면적 이유는 선원들의 과실과 무책임으로 보이지만 실제로 사고의 원인을 규명해 보니 그 뒤에 나타난 선주 회사와 관리감독기관이 원흉이라 한다. 그들이 돈벌이를 위해 결탁하고 자신들의 양심과 본분을 팔아 버린 것이 사고의 뿌리임이 나타난 것이다.

이제 우리 사회의 본질적 문제를 성찰할 시간이 되었다. 목적을 상실한 인생은 철학적 담론 상실과 가치관의 왜곡 현상으로 이어진다. 건강한 사회는 건강한 생각으로 넘쳐 나야 한다. 그러기 위해서는 다시금 철학적 담론이 융성해져야 하며 바람직한 가치관 형성이 이루어져야 한다. 이러한 사회만이 자본주의의 독소를 제거하고 돈의 유혹을 이길 힘이 있는 건강한 사회가 될 수 있다.

독서는 철학 교육의 출발이며 독서디베이트는 철학 교육의 동력이다. 독서는 가치관 교육의 출발이며 독서디베이트는 가치관 교육의 정점이다. 따라서 책으로 디베이트하고, 디베이트로 책을 읽는 토론 중심의 독서 활동 '독서디베이트'는 자연스러운 철학 교육이며 바람직한 가치관이 형성되는 최고의 인성 교육이다.

필자는 지난 수년간 독서디베이트를 통하여 약 2,000여 명의 '독서토론 교육 강사'를 양성해 왔다. 대한민국이 건강한 사회가 되기 위해서는 독서와 토론 교육이 정기적으로 펼쳐져야 한다. 2013년 11월 14일 문화체육관광부는 '독서문화진흥기본계획'(2014~2018)을 발표했다. 이는 국민 모두가 독서하는 사회 분위기를 조성하고, 다양한 관심 분야의 독서 동아리 활동 활성화를 위해 2018년까지 '10만 독서 동아리, 150만 독서 인구'가 창출될 수 있도록 지원한다는 내용이다.

이를 뒷받침하기 위해서는 독서토론 교육 강사 양성이 시급히 필요하다. 이 책은 독서토론 지도 교사와 독서토론 동아리 리더 및 자녀에게 책 읽기 지도를 하고 싶은 학부모를 위해 독서디베이트의 모든 노하우를 담았다.

대한민국의 미래를 위해 교육 패러다임의 혁신을 외치며 '독서디베이트'라는 콘텐츠를 가지고 전국을 뛰어다니며 강의할 수 있었던 것은 우리와 함께 뜻을 가지고 활동하는 '교육 동지'들이 있었기 때문에 가능했다. 뒤늦게나마 작은 지면을 빌려 존경하고 사랑하는 교육 동지 여러분들께 감사의 인사를 드린다. 먼저 그 누구보다 우리의 어려움을 헤아려 자문과 더불어 물심양면의 지원을 아끼지 않으신 한양사대부고 신홍규 선생님께 감사를 드린다. 또한 이 책이 출판될 수 있도록 실제적인 도움을 주신 김슬옹 교수님과 디베이트롤로지의 학문적 기초를 제공해 주신 최용석 박사님께 감사를 드린다. 무엇보다 항상 시간을 아끼지 않고 교육 활동에 동참해 주실 뿐 아니라 이 책의 원고 교정을 도와주신 한국디베이트코치협회 강사 한상남, 김현아, 주소영, 정광수, 함수미, 주진순, 엄인애, 황영숙, 이인선 선생님께 감사드린다. 뿐만 아니라 독서디베이트의 책 출판을 기쁨으로 맡아주신 글누림출판사 최종숙 사장님과 편집부 여러분께 감사를 드린다.

모쪼록 이 책의 출판을 계기로 모든 교사와 학부모들이 독서디베이트의 개념을 습득하고 독서디베이트가 온전히 정착되어 '독서토론운동'이 뜨겁게 일어나기를 바란다.

공저자 유 담, 최은희

차 례
Contents

"책이 물고기라면, 디베이트는 낚시법이다."

투비아 이스라엘리(前주한 이스라엘 대사)

독서디베이트 관련 용어 정의

독서디베이트 관련 용어 정의

1. 토의, 토론, 디베이트

2. 독서토론, 독서디베이트

3. 아렌디(RND) 방식 독서 지도와 토론 수업

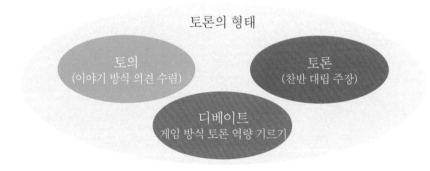

토론의 형태

토의
(이야기 방식 의견 수렴)

토론
(찬반 대립 주장)

디베이트
게임 방식 토론 역량 기르기

독서토론 교육은 다루는 영역에 따라 교과목 독서·토론, 힐링을 위한 독서·토론, 의사소통을 위한 독서·토론, 독서력 향상을 돕는 독서·토론, 인문학적 사고 훈련을 기르는 독서·토론 등으로 분류할 수 있다.

독서토론 교육을 다루면서 선결해야 할 과제가 있는데 바로 용어에 대한 정의를 세우는 것이다. 이 책에서는 토론이란 용어를 재정의하여 형태에 따라 토의, 토론, 디베이트로 분류해 사용할 것이다.

그리고 독서토론이란 용어 개념은 세부적으로 '독서토론'과 '독서·토론',

'독서디베이트'라는 용어로 나눈다. 또한 토론을 통한 독서 지도는 '아렌디 (RND)방식'이라는 용어를 사용해 토론 교육에 관한 기본적인 용어를 정립할 것이다. 먼저 토론이란 용어는 일반적으로 의견을 모으는 이야기 방식의 토의 와, 서로 견해를 달리하는 안건을 가지고 설득하는 방식의 토론이 혼합되어 통 칭 '토론'이라고 한다. 이 책에서는 이를 다음과 같이 분류하여 명확한 이해를 돕고자 한다.

▶ 토의, 토론, 디베이트

첫째, 토의는 상호 협력적 사고를 바탕으로 이루어지며, 협의와 합의를 도출 하기 위한 의사 교환 방법이다.

둘째, 토론이란 한 가지 주제를 가지고, 찬반 토론자들이 제3자로서 의사 결 정권을 가진 자들을 대상으로 자신들의 주장이 옳다는 것을 설득하기 위하여 논리적으로 증명하는 과정이다.

셋째, 디베이트는 학생들에게 토론의 역량을 길러주기 위해 엄격한 규칙을 갖춘 형식에 따라 한 가지 주제를 가지고 실행하는 찬반 논리 게임이다.

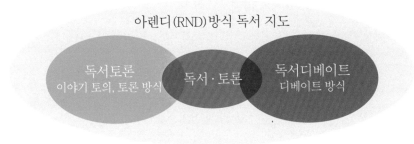

아렌디(RND)방식 독서 지도

독서토론
이야기 토의, 토론 방식

독서 · 토론

독서디베이트
디베이트 방식

디베이트와 기존 토론의 차이점은 먼저, 찬성과 반대 입장의 선택을 본인이 원하는 대로 할 수 없다는 것이며 다음은, 토론하는 안건에 대하여 의사 결정을 하기 위한 토론이 아니라 해당 논제를 가지고 토론의 역량을 강화하기 위한 교육용이라는 것이다. 따라서 논제에 대하여 논증을 통해 설득해야 할 대상이 청중이 아닌 전문 심사 위원이다.

▶ 토론을 통한 독서 지도에 관한 용어 정의

첫째, '독서토론'이란 용어를 형식에 얽매이지 않고 진행한 이야기 토의, 토론 방식의 독후 활동으로 한정해서 사용하고자 한다.

둘째, '독서·토론'은 전남 교육청이 다시 정의한 용어로서 독서와 토론을 연계시킨 수업 방법을 말한다. 여기에서의 독서란 다양한 읽기 자료로서 문학 서적, 교과목, 매체 자료 등 모두를 일컫고 있다. 이는 공교육 수업에서 적용하는 것에 한하여 표현한 것으로 '독서·토론' 수업 시간은 다양한 토의, 토론 방식을 도입하여 진행한다.

▶ 독서디베이트 = 독서 + 디베이트

'독서디베이트'란 책 읽기와 디베이트의 만남으로 책에서 논제를 찾아내고 이에 대해 본인의 해석과 가치판단을 논리와 실증적 방법인 디베이트를 통해 주장하고 설득하는 '독후 활동'이다.

특히 교육 효과로는 전혀 다른 차원의 책 읽기 능력이 생성되고 다양한 관점과 관련 지식을 습득시키며 철학적 사고력이 훈련되는 생각의 톱니바퀴가 만들어진다.

▶ 토론 중심의 입체적 독서 지도 방법, 독서디베이트

'토론 중심 독후 활동'은 독서력 향상을 극대화시키기 위해 '디베이트' 방식의 토론을 중심으로 토론의 교육 효과를 접목시킨 독후 활동이다. 독서디베이트는 책에서 찾은 논제를 가지고 논리를 펼치는 독후 활동으로 일차적으로 책 안에서 주장(논점)과 근거를 찾아서 토론을 진행한다. 이는 선정된 책을 자세히 깊이, 핵심을 찾아 책을 읽는 것이 선결되어야 할 수 있는 토론 중심 독후 활동이기에 책벌레 식의 책 읽기 습관을 길러주는 독서 교육 방식이다.

▶ 아렌디(RND) 방식 독서 지도, 혹은 '아렌디 독서디베이트'

'아렌디(RND) 방식 독서 지도'란 교육 현장에서 학생들이 '독서디베이트'를 잘 수행할 수 있도록 읽기와 자료 조사, 토의와 찬반 토론을 거쳐 책에 대한 다양한 이해와 자신의 생각을 갖게 한 후 디베이트와 글쓰기로 마무리 짓는 방식의 '독서 지도'이다.

여기서 토의 방식을 활용하는 이유는 책을 자세히, 깊이, 분석적으로 읽게 한 후 서로의 다양한 생각을 공유하게 하며 그것을 바탕으로 디베이트(지식스포츠게임)를 하게 함으로써 사고력과 표현력을 훈련한다. 이것은 선정된 책에 관련하여 폭넓은 지식을 자신의 것으로 만드는 독서 지도 방법이다.

그러므로 '아렌디 방식 독서 지도'는 독후 활동에 있어서 입체적이고 총체적인 토론식 독서 지도 방법으로 편의상 '아렌디 독서디베이트'라고 표현하기로

한다.

▶ 아렌디(RND) 방식 토론 수업

'아렌디(RND) 방식 토론 수업'이란 '아렌디(RND) 방식 독서 지도'에서 응용한 것이다.

'아렌디(RND) 방식 토론 수업'의 시간 구성은 40분~45분 수업일 경우 2차시로 나누어 실행하고, 80분~90분 블록 수업일 경우에는 한 번에 모두 진행하기를 권장한다.

예를 들어 독서 수업을 진행할 경우에는 1차시에는 사전에 공지한 선정 도서에 대하여 책 읽기와 배경지식에 관한 자료 조사를 해 왔는지 점검하며 '이야기식 토의, 토론' 방식으로 내용을 정리하게 한다. 2차시에는 1차시 수업에서 정해진 논제를 가지고 찬성과 반대 입장의 자료 조사를 하며 준비해 온 자료를 가지고 디베이트 방식의 수업을 한다. 아울러 마지막으로는 글쓰기로 수업을 마무리하는 독서, 토론, 논술의 통합적 교육 방식이다.

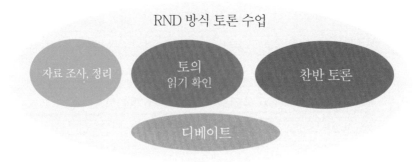

RND 방식 토론 수업

자료 조사, 정리   토의 읽기 확인   찬반 토론

디베이트

▶ '아렌디(RND) 방식 토론 수업'의 다양성

'아렌디(RND)방식 토론 수업'의 특징은 모든 영역의 학습 내용을 가지고 수업을 진행할 수 있다는 것이다. 즉 독서의 목적을 가지고 진행하면 'RND 독서 디베이트'가 되는 것이며 역사를 소재로 하면 'RND 역사 디베이트', 교과서와 학과목 내용으로 하면 'RND 교과 디베이트'가 되는 것이다. 또한 각종 매체 자료를 가지고 할 수도 있는데 이는 'RND 매체 디베이트'라 할 수 있다.

디베이톨로지는 아이들의 뇌 속에서 자신도 모르게
끊임없이 질문하고 사고하게 만든다

제1장

교육 혁명,
뇌 구조를
바꾸어야 한다

1. 스마트폰에 빠진 아이들

　3년째 도시형 주말 대안학교인 아렌디 디베이트 영재학교를 운영하고 있다. 매년 아이들의 변화를 느낄 수 있는데 그중 가장 큰 변화는 '스마트폰 게임 중독 현상'이다.

　첫해인 2011년 12월 초등학생과 중학생 17명을 데리고 경기도 포천에 있는 승마 리조트로 겨울 디베이트 캠프를 떠났다. 이때 가장 걱정했던 부분은 목적지까지 이동하면서 발생할 수 있는 '아이들의 실종 사건'이었다. 아이들은 틈만 나면 주변 환경에 대한 호기심으로 자리를 이탈하기에 긴장을 늦출 수 없기 때문이다. 그다음 해에 있었던 전북 익산 캠프에서는 120명의 학생들을 데리고 '역사 디베이트 캠프'를 진행했는데 이때 역시 아이들에게서 한시도 눈을 뗄 수가 없었다.

　디베이트 영재학교는 디베이트 캠프를 통해 신입생을 받는다. 집중 교육과정을 통해 체질 개선을 시킨 후 주말마다 정기적으로 교육하는 방식으로 진행된다. 그런데 지난 2013년 1월 겨울 캠프 때부터 이상한 일이 벌어졌다. 더 이상 '아이들의 실종 사건'이 발생하지 않는 것이었다. 이때는 46명의 학생들을 데리고 제주에서 디베이트 캠프를 진행할 때였다. 이때도 처음 만난 아이들과 제주도로 4박 5일 캠프를 마치고 제주공항에 모였는데, 비행기 탑승 시간까지

시간적 여유가 있어 아이들에게 자유 시간을 주었다.

"자! 시간이 있으니 여기저기 잘 둘러보고 오세요."

하지만 아이들은 한 명도 자리에서 움직이지 않았다. 아이들은 캠프가 진행되는 동안 들여다보지 못했던 스마트폰을 꺼냈다. 그리고 너나없이 게임이나 SNS 등에 몰두하기 시작하는데 한 시간이 훌쩍 넘도록 꼼짝 않고 있었다. 너무나 충격적인 상황이었다. 이런 현상은 스마트폰의 보급이 최근에는 초등학생에까지 확대되면서 나타나기 시작한 것이다. 그러나 이것은 시작에 불과했다. 그 후에 만나는 아이들은 거의 모두가 스마트폰에 몰두하고 있었으며 그 장면은 '스마트폰 중독'이라는 단어가 자연스레 떠올려졌다.

제주공항의 현상은 결론적으로 '요즘 아이들이 제일 좋아하는 것은 게임과 SNS이며 제일 싫어하는 것은 공부다'라는 사실을 인식하게 하였다.

2. 아이들의 잘못이 아니다

전국 각지의 지방자치단체에서 독서토론 대회를 운영해 달라는 요청을 받고 협회 디베이트 코치들과 함께 '독서디베이트 대회'를 진행하고 있다. 이때 반드시 진행하는 것이 참가 학생들을 대상으로 '독서디베이트'가 무엇이며 어떻게 준비하는지를 가르쳐 주는 '독서디베이트 공개 세미나'이다.

세미나를 진행하면서 아이들에게 "가장 하기 싫고, 좋아하는 일은 무엇인가?"라고 물어보면 아이들은 망설임 없이 '공부'와 '인터넷 게임'이라고 대답한다. 왜 우리 아이들이 이렇게 되었을까? 아이들이 가장 좋아하는 것과 싫어하는 것의 차이는 무엇이며, 어떤 이유일까? 깊은 고민에 빠지기 시작했고, 이에 대한 해답이 필요하다 싶어 더욱 대안 교육에 매진해 왔으며 그 방법론이 '독서디베이트'이다.

게임은 쉬지 않고 장면이 바뀌는 특징이 있다. 아이들은 계속 변하는 장면을 쫓느라 시간 가는 줄 모른다. 그리고 그 속에서 재미를 느낀다. 학생들은 깊이 생각하지 않는 것을 좋아한다.

아이들을 이해하기 위해 먼저 '재미'에 대한 이해를 하고 넘어가자.

▶재미란 무엇인가?

〈여러 가지 문제 연구소〉 김정운 소장은 재미를 '관점 전환 기술'이라고 정의한다. 관점이 자주 전환될 때 재미가 극대화된다는 것이다. 싸움과 전쟁이 구경거리로는 최고로 재미있는 이유가 바로 관점이 계속 바뀌어 간다는 것이다.

'재미'라는 말은 19세기 유럽에서 처음 등장했으며, 그 본질은 '구경거리 또는 관점'이다. 19세기 말 유럽에서 노천카페가 등장하고 철도 여행이 늘어나며 영화가 발명된 것도 모두 재미를 충족시키기 위함이었다는 것이다.

노천카페는 커피 한잔 마시며 밖에서 벌어지는 광경을 즐기는 곳이다. 요즘도 프랑스 파리의 노천카페는 야외 좌석이 실내석보다 더 비싸다. 그 이유는 변화가 있는 거리를 볼 수 있기 때문이다. 철도 여행은 가만히 앉아 있으면 세상이 알아서 움직여 주는 재미의 도구이며 영화는 시공간의 관점 전환이 파노라마처럼 펼쳐지는 재미있는 콘텐츠이다.

반면에 공부는 정지되어 있고 변화가 없는 문자와의 싸움이다. 공부를 좋아하고 공부를 잘하려면 변화가 없는 문자가 살아서 움직이는 경험을 해야 한다. 그때 비로소 공부의 맛을 알게 된다. 하지만 문자가 머릿속과 가슴속에서 살아 움직이려면 과정이 필요하다. 고도의 정신노동을 해야만 한다. 그렇다면 학생들이 왜 공부를 안 하는지 그 이유가 쉽게 이해된다. 공부는 멈춰 있는 문자에 생명을 불어넣는 일이며 그 의미를 살려내는 작업이다. 그것은 고도의 정신노동인 생각하는 수고를 해야만 경험할 수 있는 일이다.

▶문자가 살아 움직여야 한다

먼저 책 속에 나열된 문자를 해독해야 한다. 문자 해독에 실패하는 경우를 난독증이라고 한다. 난독증이 해결되어야 소설의 맛을 느낄 수 있다. 문자 해독이 안 되는 사람은 내용을 이해하기가 힘들기 때문이다. 이 과정은 매우 지루하다. 문자에 담긴 의미를 자신의 생각 속에서 이해될 때까지 생각해야 하기 때문이다.

이 과정은 특히 아이들에게는 고통스러운 시간이다. 아이들이 가장 싫어하는 것은 재미없는 것인데 움직임이 없는 문자를 머릿속에서 살아 움직이게 한다는 것은 고도의 정신노동이기 때문이다.

아이들이 공부를 안 하는 것은 결코 아이들의 잘못이 아니다. 아이들이 지닌 특성을 이해하지 못하고 아이들에게 맞는 교육 방법을 제시하지 못한 어른들의 잘못이다. 아이들에게 무조건 공부를 강요할 것이 아니라 공부를 재미있게 할 수 있는 학습 방법의 변화와 재미있는 공부의 경험을 만들어 주어야 한다.

▶노는 것이 공부다

학습에서 가장 중요한 것은 놀이와 학습이 연계되는 것이다. 아이들이 학습에 의욕을 갖는 가장 중요한 동기는 '배경지식'이다. 배경지식이 있는 아이들은 학습 참여가 훨씬 적극적이고 학습활동에 성공할 확률이 높다. 그렇다면 배경지식은 어디에서 생기는 것일까? 바로 '경험'이며 이것은 '노는 시간'을 통해 얻어진다.

예를 들어 중학생이 『토지』라는 소설을 읽는다고 가정해 보자. 토지라는 소설에서 1부, 최참판 댁의 몰락과 2부, 만주 용정에서의 이주민의 삶을 공감하면 나머지 내용의 이해에도 크게 도움이 될 것이다. 여기서 생존을 위해 만주 벌판으로 이주한 사람들의 삶이 등장하는 2부의 내용이 실감나게 와 닿으려면 최소한 두 가지 이상의 경험이 필요하다고 생각한다.

첫째, 가난과 굶주림이다. 요즘 아이들은 토지의 역사적 배경과 당시 만주벌판으로 이주한 후 먹을 것이 없어 고통당하는 가난을 이해하기 어려울 것이다. 마치 탈북 청소년들의 수기를 남한 청소년들이 들어보면 만화 속의 이야기처럼 들린다고 말하는 것과 같은 것이다.

둘째, 산간벽지 시골에서 살을 베는 듯한 추위 속에서 한 겨울을 보냈거나, 간식은 고구마나 감자만 먹고 지낸 아이들은 그렇지 않은 아이들 보다 '토지'에 나온 배경을 훨씬 많이 공감하게 될 것이다. 그리고 그것을 바탕으로 책을 흥미롭게 읽어 내려 갈 것이다. 또한 산간벽지라는 특성상 연날리기, 얼음썰매 등의 놀이를 통해 도시 아이들이 경험하지 못한 체험을 함으로써 산골마을의 생활과 놀이에 대해 더 빨리 이해할 수 있을 것이다.

위에서 살펴본 것처럼 여행이나, 역사 탐방 등을 많이 다녀 본 아이일수록 그렇지 않은 아이보다 지리와 역사에 대해 흥미를 갖게 되고 그 고장을 쉽게 이해 할 수 있다. 이처럼 다양한 체험을 통해 생긴 배경지식이 소중한 학습 자료가 될 것이며 이와 관련된 교과목도 '안다', '이해한다'라는 자신감을 갖게 될 것이다.

3. 생각 없는 어른들이 생각 없는 아이들을 만들었다

언제부턴가 부모들은 자녀의 학습 성적에만 집착하는 결과주의 교육을 우선시 하고 있는 것이 현실이다. 아이들의 성적을 위해서라면 물질적 보상 제도를 내걸고 동기부여를 하려는 것이다. 이런 환경에서 자라고 익숙해진 우리 아이들은 '생각'을 한다거나 '자아정체성'을 찾는다는 것이 힘들 수 밖 에 없다. 오직 대학 입시라는 것을 목표로 길들여지고 사육되어져서 주변을 돌아볼 겨를 없이 살아갈 뿐이다.

또 하나의 심각성은 우리 아이들이 각종 게임과 광고, SNS로 무장한 스마트폰의 공격에 방치되어 있다는 것이다.

스마트폰은 상업 자본주의의 속성으로 무장되어 돈벌이에 급급한 기업들의 공격적인 마케팅 전략의 일환이지만, 우리사회는 이에 대해 속수무책이다. 첨단기기의 효율성과 편리성을 외치며 쏟아낸 스마트 기기가 오늘날 생각하기 싫어하는 아이들을 만들어 가고 있는 것이다.

따라서 배경지식을 얻을 만한 재미있는 놀이와 시간을 가질 수 없는 아이들은 접하기 쉬운 스마트폰에서 자신들의 재미를 찾게 되고 시간이 가면 갈수록 '인터넷 게임과 SNS 중독'이란 늪에 깊이 빠져들 수밖에 없다.

이렇듯 첨단기기에 빠져서 SNS와 게임 산업을 발전시키는 사회 환경과 생각 없이 자녀를 학원에만 맡기는 부모들 때문에 아이들은 고엽제를 맞은 나무들처럼 생기를 잃어버릴 뿐 만 아니라 생각 자체를 싫어하는 기형아들처럼 되어 가는 것이다.

▶우리 아이들은 두뇌 기형아가 되고 있다

봉건제 국가에서는 주권이 없는 백성들을 노예라고 한다. 주권이란 스스로 생각하고 판단하며 실행할 권리가 있는 것을 말한다. 역사적으로 보면 우민화 정책, 또는 무민화 정책이란 것을 펼치면서 백성을 노예처럼 만들어 버린 권력들이 있다. 이러한 정책들은 백성들을 생각할 수 없게 만들어, 그저 동물적 본능에 의해 살아가게끔 한다. 그렇다면 생각하지 않고 동물처럼 살아온 백성들은 행복했을까?

질문의 답을 찾기 위해 노예처럼 살았던 조상들의 역사적 사건과 현재 우리 아이들이 살아가는 이 시대의 모습을 비교해 보자. 우리 아이들은 행복한 자유인으로 살아가고 있는지, 또한 그렇게 살아갈 수 있는 사회 환경이 만들어져 있는지를 생각해야 한다.

21세기인 지금 우리 아이들은 스마트 기기와 영상 매체에 길들여져 단순히 보고 듣는 것에만 익숙해져 있다. 그래서 생각하기를 싫어하거나 생각 없는 아이들로 변해 버렸다. 변화무쌍한 영상 매체가 쏟아 내는 지식 정보는 생각할 시간을 주지 않는다. 특히 '더욱 더 빠르게'를 외치며 나타난 통신 회사들의 인터넷 환경은 잠시도 생각할 틈을 주지 않는다. 하룻밤 사이에도 많은 모바일 게임

들이 쏟아져 나오고 아이들을 스마트 기기의 노예로 만들어 가는 그물망 역할을 한다. '스마트 시대'라는 창의 경제는 아이들을 통신 회사와 게임 회사의 돈벌이에 이용하고 있다는 생각을 하게 한다.

이 상황은 이미 대책을 찾을 수 없는 엎질러진 물이 되고 말았다. 생각 없는 어른들의 사회 경영과 교육 정책이 돌이킬 수 없는 사회적 질병을 만들었고, 우리 아이들은 생각 없는 아이들로 무뇌아라는 기형아들이 되어 가고 있다. 생각 없는 아이들은 어떤 모습으로 살아가게 될까? 사고력과 판단력을 잃어버린 아이들은 노예 습성을 갖고 세상을 살아갈 수밖에 없다.

최근 학부모들의 상담 중 많은 비중을 차지하는 것이 '의욕 없이 사는 아이들'에 대한 것이다. 상담하러 온 부모와 아이는 겉으로 보기에는 전혀 문제가 없어 보인다. 그런데 아이는 매사에 의욕 없이 방과 후 집에 오면 잠만 잔다는 것이다. 또 자고 일어나면 스마트폰 게임과 문자를 하며 시간을 보낸다는 하소연이다. 때로 부모가 답답하여 공부는 언제 할 거냐고 물어보면 아이는 잔소리 듣기 싫다며 집을 나가겠다는 협박을 한다는 것이다.

▶노예의 습성에는 두 가지 특징이 있다

삶에 의욕이 없는 아이들은 본능적 욕구만 채우며 살아가는 노예와 같다. 여기서 말하는 노예는 자기의 주권인 꿈을 포기한 사람이다. 꿈이 없으면 의욕 또한 사라지게 된다. 만일 아이들이 의욕이 없어 보인다면 그 아이는 꿈이 없고 생각하기를 싫어하는 아이일 가능성이 높다.

노예는 생각이 없다 보니 동물적 본능에 대한 욕구가 더욱 강하다. 자신을 통제할 능력도 없고 통제하려고 하지 않는다. 자신의 욕구를 충족시키는 것이 그에게는 가장 큰 행복의 조건이기 때문이다.

우리 아이들이 하고 싶은 대로 행동하며 사는 이유는 바로 생각하지 않고 사는 노예처럼 주어진 환경에 순응하면서 동물적인 본능으로 살아가고 있기 때문이다. 그 단적인 예가 바로 스마트폰 사용이다. 스마트폰은 어른이나 아이나 손에서 뗄래야 뗄 수 없는 것이 되어 버렸다. 아이들의 과도한 스마트폰 사용 때문에 부모가 자녀를 규제하면서 심각한 가정불화로 이어지는 경우도 있다.

이런 현상은 아이들이 있는 가정에서 흔히 나타날 수 있으며, 성격이 다혈질인 부모는 자녀의 스마트폰을 집어 던져 깨뜨리기까지 한다. 이는 원초적 본능에 충실한 동물을 폭력으로 통제하듯 부모들이 자녀에게 폭력을 행사하며 통제하는 결과를 만든다.

우리의 아이들이 사고하지 않고 본능에 충실한 원인은 어디에 있을까? 다름 아닌 생각하기 싫어하는 어른들이 만든 결과이며 철학적 사고가 없는 사회적 환경 때문이다. 부모와 교사는 더 이상 아이들이 노예 습성대로 살게 하지 않게 하려면 아이들을 적극적인 눈으로 살펴봐야 한다.

부모는 "우리 아이는 왜 이 모양일까?"라는 한탄을 접고 아이가 노예의 습성을 버리고 자기 생각과 판단력, 자기 주도적 실행 능력을 갖출 수 있도록 사회 환경을 바꿔 주어야 한다.

4. 뇌 구조의 혁명, 생각하는 아이 만들기

이제 다시 학습의 이야기로 돌아가자. 현실과 이상의 균형 감각을 키우기 위해서는 아이들의 현실적 문제를 해결해야 하는데, 바로 학습 의욕과 학습 역량이 부족한 것에 관한 고민이다. 모든 부모들의 소원은 잔소리를 하지 않아도 자녀들이 스스로 공부를 하는 것이다. 그리고 이왕이면 뛰어난 학습 능력을 발휘하여 사회적으로 인정받는 인재가 되기를 바란다.

아이들은 왜 공부에 흥미를 느끼지 못할까. 그것은 움직임이 없는 문자와 씨름을 해야 하는 탓일 것이다. 반대로 게임은 끊임없이 장면이 바뀐다. 공부가 재미있으려면 문자가 게임처럼 계속 살아 움직여야 하는데, 움직이려면 생각하는 수고를 해야 한다.

책 속에 있는 문자가 살아 움직이고 드라마틱한 영상처럼 전달되어 온다면 어떨까? 아마도 게임과는 비교할 수 없을 정도의 혁신적인 결과를 가져올 것이다.

이제 과제는 '어떻게 문자가 살아서 움직이게 하며 책 속의 내용들이 드라마틱한 영상처럼 다가오게 할 것인가?'이다. 방법은 매우 간단하다. 그것은 뇌 구조의 혁명을 가져오는 생각의 틀을 장착시켜 주는 것이다.

이 원리를 아이들이 터득하고 체질화시킨다면 아이들은 글자를 읽은 재미에

폭 빠질 것이다. 글자가 살아서 움직이는 것을 기대하는 것이 아니라 아이들의
두뇌가 움직이게 하는 것이다. 아이들의 두뇌에 생각의 틀을 장착하고 생각의
톱니바퀴가 굴러갈 수 있도록 훈련시킨다면 아이들의 두뇌는 살아서 움직여
모든 문자와 정보를 충분히 소화할 수 있다.

　뇌 구조를 바꾸기 위해서는 뇌를 강력하게 움직일 수 있는 장치가 있어야 하
며, 그 장치를 움직일 수 있는 방법을 찾아야 한다. 뇌를 움직이는 상치는 무엇
이며 그 방법은 무엇일까?

　그것은 바로 디베이톨로지(Debatology)라는 뇌 구조 혁신 장치와 '독서디베
이트'라는 책 읽기 혁신 방법이다.

5. 뇌 구조를 바꾸는 생각의 틀, 디베이톨로지

디베이트는 사건과 사물, 현상과 본질에 대하여 정서적 접근이 아닌 분석적이며 비판적 접근이다. 끊임없이 '왜?'라는 질문을 하게 함으로써 생각하는 힘을 키우는 교육용 토론이다.

1. 무엇이 문제인가?
2. 문제의 배경과 사회현상을 어떻게 보아야 하나?
3. 해결 방안은 어떤 것이며 내 입장은 어떠한가?

디베이트는 이같은 질문을 끊임없이 던지며 주어진 상황과 문제를 풀어가는 지적인 스포츠 게임이다. 아이들은 질문하기를 훈련함으로써 뇌 기능이 탄력적으로 작용하게 되어, 도끼로 내리치듯 명쾌하게 주장할 수 있게 된다. 또한 근거를 내세우며 논리를 펼치는 역량을 갖게 된다.

위 질문들은 결국 '본질 찾기', '구조 고찰', '철학적 가치 찾기'라는 '사고 훈련의 세 가지 틀'에 바탕을 두고 있다. 뇌 구조가 바뀌는 '뇌 혁명'의 비결이 바로 이 세 가지 틀에 있다.

끊임없이 질문하고 사고하며 문제의 본질과 해결 방법, 대안, 가치를 찾아가는 것이다.

1. **본질(Fundamental)** — 문제의 본질(쟁점 또는 함의) 찾기와 분석
2. **구조(Structure)** — 본질에 대한 통시적(通時的), 공시적(共時的) 위치 분석과 해석, 본질의 상대성
3. **철학(Philosophy)** — 다양한 해석 중 자신이 추구하는 해석과 가치

디베이톨로지라는 용어는 Debate라는 단어에 학문을 뜻하는 −ology라는 접미사를 합성한 것이다. 이는 디베이트를 기능과 실용적 차원에서 다루었던 것을 학문적 차원으로 끌어올리기 위해 사회과학적 사고의 기반을 가지고 만든 이론이다.

필자가 수년간 토론 교육 현장에서 경험한 토론 교육의 실제를 바탕으로 이론적 틀을 세운 신조어로서 우리말로는 '디베이트학'이라 표기한다.

디베이톨로지가 장착된 아이들은 자신도 모르는 사이 뇌 속에서 혁명적인 변화가 일어난다. 왜냐하면 사용하지 않던 뇌가 생각의 톱니바퀴로 가동됨으로써 책 속에 문자로 남아 있던 내용들이 머릿속에서 살아 있는 지식으로 변하기 때문이다.

6. 디베이톨로지로 책 읽기를 시작하라

자녀들의 뇌 구조 변화는 디베이톨로지라는 사고의 틀을 장착시킴으로써 시작된다. 또한 디베이톨로지의 장착은 학습 능력의 혁명을 가져올 수 있다. 그러기 위해서는 움직이지 않던 문자가 살아서 움직이는지 실험을 해 봐야 한다. 이 실험을 책을 통해 하는 것이 '독서디베이트'다.

디베이톨로지가 장착된 아이들의 뇌 속에 '독서'라는 풍부한 자료를 공급하는 것이 '독서디베이트'이다. 디베이톨로지가 장착된 독서디베이트는 아이들의 학습 능력을 무한의 경지까지 끌어올릴 것이며 지식이 지식을 낳는 두 배의 학습 효과를 경험하게 된다.

디베이톨로지가 장착되지 않은 책 읽기와 디베이톨로지로 질문하는 책 읽기는 그 결과에 있어서 비교할 수 없는 차이를 갖는다. 디베이톨로지가 장착되지 않은 책 읽기는 수박 겉핥기식의 책 읽기가 되지만, 디베이톨로지가 장착된 책 읽기는 구조적인 해석을 통해 보편적 가치관과 상대적 가치관을 분석하는 능력을 갖게 한다. 또한 세상을 바라보는 시각을 다양화, 유연화시켜 이해의 폭을 넓히며 철학적 사고력을 갖게 한다.

이러한 뇌 구조의 혁명은 초등학교 고학년에 이루어져야 한다. 왜냐하면 이때부터 점점 체계적인 사고력이 형성되고 사고의 틀이 고착되기에 반드시 디베이톨로지란 사고의 틀을 심어 주어야 한다.

이런 사고의 틀을 훈련받은 아이들은 어떤 문제에 대한 해결 능력은 물론 창의력, 통찰력, 분석력을 갖춘 통합형 인재로 거듭날 수 있다. 앞으로 우리가 추구해야 할 교육의 목표는 '아이들 스스로가 세상이 꼭 필요로 하는 주도적인 인재로 살아가게 하는 것'이다.

대한민국 미래 사회가 요구하는 건강한 인재로 키우는 것이며 이러한 미래형 인재로 거듭나게 하기 위해 반드시 해야 할 교육이 '책 읽기 혁명으로 뇌 구조를 변화시키는 독서디베이트 교육'이다.

7. 책 읽기 습관, 운명을 걸고 훈련하라

인간은 자연의 원리에서 수많은 삶의 지혜를 배울 수 있다. 이유는 삶의 원리와 자연의 원리가 똑같기 때문이다. 예를 들어 과수원에서 과일나무를 재배하는 모습을 보면서 우리는 자녀 교육의 지혜를 얻을 수 있다.

그러므로 자녀 교육을 위해서는 첫째, 조바심을 내지 말아야 한다. 과수 묘목을 심게 되면 보통 3년이 지나야 본격적인 수확이 시작된다. 우리 아이들도 성장하기 위해서는 시간이 필요하며 일정한 기간이 지나야 제대로 된 인격체로 성장하게 된다. 사랑한다는 것은 기다리는 것이다. 좋은 결실을 얻기 위해서는 무르익을 때까지 기다림의 인내와 지혜가 필요하다.

둘째, 정성 어린 관리가 필요하다. 묘목이 자라는 동안에는 거름주기와 가지치기, 배수 관리 등을 게을리하면 안 된다. 거름이나 비료 같은 자양분을 먹어야 건강하게 자라고, 가지치기를 해야 반듯하게 자라며, 배수 관리를 잘해야 나무가 썩지 않는다.

자녀도 똑같다. 육체와 뇌에 자양분을 잘 주어야 건강한 시민으로 성장하게 되는 것이다. 가지치기라는 훈육을 잘해야 사회에 필요한 튼실한 인재로 성장할 수 있으며, 배수 관리 같이 나쁜 환경으로부터 보호를 잘해야 아이들의 꿈이 썩거나 병들지 않고 삶의 목표와 목적을 잘 설정하여 행복한 미래를 만들어 갈 수 있다.

마지막으로 잘 잡아 주어야 한다. 과실나무도 잘 자라다가 모진 바람이 불어 닥치면 쓰러지거나 뿌리가 뽑혀 버린다. 그래서 기둥을 세우고 지지대를 받쳐서 나무를 잡아 주어야 한다.

"문제 부모는 있어도 문제아는 없다."

아이도 정신적 지지대가 필요하다. 그 지지대는 일차적으로 부모가 되어야 한다. 그 지지대에 나뭇가지를 잘 잡아매 주면 많은 열매가 열리고 가지가 부러지거나 찢겨 나가지 않는다. 때문에 반드시 가지가 너무 굵어지기 전에 붙들어 매주어야 나무는 튼튼하게 잘 자랄 수 있다.

과수원의 자연 원리에서 터득한 결론은 '문제 부모는 있어도 문제 자녀는 없다'는 것이다. 이는 '문제 선생님은 있어도 문제 학생은 없다'로도 표현할 수 있다.

아이들은 항상 변화될 준비가 되어 있다. 다만 부모나 교사가 이런저런 이유로 관리가 소홀하거나 기다려 주지 못하는 조바심으로 인해 문제 아이들이 생겨나는 것이다.

과일나무의 성장 습관이 가지를 붙들어 매주면 바뀌 듯 아이들도 습관의 훈련이 운명을 바꿀 수 있다. 이렇듯 운명을 바꾸는 습관은 생각하는 습관이요, 책 읽는 습관이다.

▶ 책 읽기는 어려서부터 습관이 돼야 한다

어릴 때부터 독서 습관이 들어 있지 않으면 성장할수록 생활의 우선순위에 밀려 책 읽기가 쉽지 않게 된다. 이것은 단순히 책을 많이 읽는 아이로 만드는 것이 아니다. 책을 좋아하는 아이로 키우라는 것이다. 아이들이 책을 친구처럼 항상 가까이 두고 있도록 키워야 한다.

아이에게 독서 습관을 만들어 주기 위해서는 다음의 요소들을 실천해야 한다.

1. 책 읽기를 싫어하는 원인부터 찾아야 한다.

아이가 책 읽기를 싫어한다면 어릴 때부터 책 읽는 습관이 형성되지 않은 것인지, 낱말의 뜻을 몰라 책을 읽을 때 재미를 느끼지 못하는 것인지, 영상매체를 너무 좋아해 깊이 있게 생각하는 것을 귀찮아 하는 것인지 등, 아이가 책과 멀어진 이유를 파악하는 게 우선이다.

2. 책 읽기에 흥미를 가질 수 있는 기회를 부여해 주어야 한다.

책을 안 읽는다고 한탄하는 부모의 자녀를 살펴보면 아이의 독서 경험 가운데 정말 재미있는 책을 만나 본 일이 없다는 것이다. 안타깝게도 부모들은 주로 학습에 도움이 될 만한 책을 찾는다. 따라서 교훈적이고 학교 공부와 연결된 책을 선호하는 것이다.

그러나 아이들은 호기심을 충족시키거나 현실에서 느껴 보고 해 보지 못하는 내용에 관심이 많다. 아이가 끝까지 읽을 수 있다면, 일단 그 책은 아이의 독서 습관 향상에 크게 도움이 되는 책이다.

　3. 독서가 하나의 놀이가 되어야 한다.

　여행을 떠나기 전 여행지를 선정하고 여행 목적을 세우게 된다. 이때 여행지 정보를 얻을 수 있는 방법으로는 인터넷보다는 책을 통해 여행지에 대한 정보를 수집하도록 하는 것이 책을 가까이하게 만드는 좋은 방법이다.

　이러한 것들을 예로 들어 볼 때 독서와 디베이트의 만남인 '독서디베이트' 는 '지식 스포츠'라는 놀이 개념으로 접근한 독서 지도 방법이기에 아이들이 자연스럽게 책을 접하며 책을 읽는 습관을 갖게 하는 탁월한 교육 방법이다.

　4. 부모가 같이 책을 읽어야 한다.

　연출된 모습이라도 좋으니 부모가 아이를 위해 책 읽는 모습을 보이는 것이 좋다. 예를 들어 하루에 30분 정도 책 읽는 시간을 정해 온 가족이 함께 책을 읽으면 아이의 독서 습관을 기르는 데 크게 도움이 된다.

　또한 자주 자녀와 함께 서점이나 도서관을 찾는 것도 좋다. 서점이나 도서관은 아이들에게 놀라운 지식의 세계가 있디는 것을 알려주기 때문이다.

독서디베이트는 철학적 사고력과 학습 능력을 끌어올린다

제2장

책 읽기의 혁명,
뇌 구조를 바꾸는
독서디베이트

1. 독서와 디베이트의 만남, 독서디베이트

▶기존의 독서 교육 목적

독서와 독서 교육은 크게 두 가지의 목적으로 이루어졌다고 볼 수 있다. 첫 번째는 책을 읽음으로써 책 속의 내용을 간접경험하며 관련된 지식과 정보를 얻는 것이다.

다음으로는 저자의 집필 의도에 의해 나타나는 교훈적인 요소를 통해 가치 관 교육이 이루어지거나 저자의 철학적 담론 제시를 통해 인문학적 소양을 쌓는 정도이다. 이러한 목적을 효율적으로 달성하기 위해 교육 현장에서는 다양한 독후 활동 방법이 개발, 실행되고 있는데, 그중에 가장 보편적인 독후 활동으로 자리 잡은 것은 '독서토론'이다.

▶독서토론이란?

'독서토론'이란 책 내용에 대한 것을 토의 또는 찬반 토론을 통해 저자의 의도를 파악하는 것은 물론 그것을 바탕으로 책에 대한 이해와 비평을 하는 효과적인 독후 활동이다.

즉 책 내용을 보다 풍부하고 정확하게 이해하며 다양한 관점을 갖기 위한 독후 활동으로 저자가 책을 통해 말하고자 하는 바, 의도를 찾아내고 그것에 대해

가치판단 및 의견 교환을 하는 토론 활동이다.

그 방법으로는 여러 구성원이 모여 동일한 책을 읽고, 책에서 안건을 찾아내
며 토의 또는 찬반 토론 방법으로 서로의 생각과 지식 정보를 교환하는 형태를
취하고 있다. 그런데 기존의 독서토론은 방법과 효과에 있어서 한계점이 있다
는 아쉬움이 있다. 예를 들면 첫째, 책을 읽고 자신의 생각과 경험을 이야기 하
다보면 방만하거나 주제에서 벗어나는 현상들이 종종 일어난다는 것이다.

둘째, 참가자들이 책을 읽지 않고 참여한다든지 토론에 소극적으로 임하는
자세로 인해 교사나 사회자가 준비한 일방적 해석이나 정보가 제공되는 현상
이 나타나는 것이다. 특히 이러한 현상은 독서토론에서 얻어지는 가장 기본적
효과인 관점의 다양성을 갖는 것과 자기 주도적 가치 판단의 역량을 훈련하는

기회를 얻지 못하게 된다. 그 결과는 참여자들이 더욱 소극적으로 되어 가고 독서토론 시간이 무의미하게 느껴져 자연 소멸될 가능성이 생기게 된다.

셋째, 무엇보다 가장 많이 나타나는 현상은 교사나 사회자가 토론의 방향을 잃어버리는 것이다. 이는 토론자들이 돌발적으로 논제나 논점에 관련이 없는 내용을 발언할 때와 꼬리에 꼬리를 무는 질문들이 쏟아질 때 나타나는 현상이다.

실제로 이러한 현상들은 독서토론 모임이나 독서토론 교육 현장에서 모두 나타나고 있는 실증적인 것들이다. 위에서 살펴보았듯이 독서토론이 갖고 있는 독후 활동 방법이나 효과, 한계성을 인식하였기에 필자는 독서 교육에서의 새로운 독후 활동 방법을 생각하게 되었고, 그것이 지금부터 소개하게 될 '독서디베이트'이다.

▶독서와 디베이트가 만나게 된 이유

디베이트를 통한 토론 교육 중에 시사를 중심으로 한 정책 논제 디베이트는 아이들에게 사회에 대한 관심과 배경지식을 활성화할 수 있다는 점에서는 분명 좋은 교육 방법이라고 할 수 있다. 하지만 우리는 아이들에게 단순히 사회적으로 이슈가 되는 것들에 대해 관심을 갖게 하기 보다는 인류의 오랜 친구인 책을 가지고 토의, 토론과 디베이트하는 것을 우선 가르쳐야 한다.

이유로는 책 속에 담겨 있는 철학적 가치를 사고하고 다양한 분야의 지식을 습득하며 그 과정에서 창의적 사고력을 지닌 인재로 성장할 수 있도록 이끌어 주어야 하기 때문이며 그러한 것을 가능케 해 주는 것이 바로 독서디베이트다.

디베이트라는 토론 교육 방법은 냉철한 비판 능력을 길러주어 마치 칼을 갈아 놓는 듯한 효과가 있다. 그렇기 때문에 최근 시사와 정책 논제를 중심으로 디베이트 교육을 펼치는 이들은 입시 경쟁이 치열한 대한민국의 교육 환경을 십분 활용하고 있다. 이들의 명분은 디베이트 교육이 학습 역량의 탁월한 효과가 있다는 것이며 이것을 앞세워 지금도 디베이트 교육에 열중하고 있다. 여기서 이들이 사용한 토론의 주제는 사회현상과 국가 정책 등을 가지고 토론하는 '시사 디베이트' 교육이다.

여기서 나타난 문제점은 바람직한 가치관의 형성과 인성 교육이 매몰되어 버리는 현상이다. 즉 디베이트 교육이 학습 능력 향상에 뛰어난 효과가 있다는 것과 이를 얻기 위한 동기부여 방법으로 승패를 가르는 게임 형식으로 진행한다는 것이 가져오는 부정적 결과이다. 특히 정책 논제를 다룸에 있어서는 그 안에 담고 있는 이해 갈등의 문제가 아이들에게 이기적 가치관을 더 고착화시키는 부작용을 수반할 우려가 있다.

이들은 디베이트 교육의 목적을 학습 능력 향상과 디베이트 게임에서 승리를 쟁취하는 것에 큰 비중을 둔다. 때문에 상대 팀에 대하여 이해와 배려, 나와의 관점이 다름을 인정하기보다는 날카로운 질문을 통해서 상대 팀을 굴복시키는 것에 더 큰 매력을 느끼고 이것에 집착하는 학생들이 종종 있다는 것이다.

따라서 디베이트 방식의 토론 교육의 현장으로 아이들을 불러낼 경우 똑똑한 아이들은 많을지 모르지만 현재 이루어지고 있는 교육 현장에서는 '가치와 배려'라는 단어를 찾아보기 힘들다.

그러나 독서디베이트는 소재 자체가 가치관을 담고 있는 문학 서적이 중심

이 되기에 가치관 교육이 저절로 이루어진다. 또한 책 내용에 있는 다양한 등장 인물들의 성격과 역할을 분석하면서 자연스럽게 비판적 사고를 가능하게 한다. 따라서 다양한 관점의 훈련과 철학적 평가를 내릴 수 있는 가치가 포함된 논제를 찾아내게 하며, 이러한 과정을 체계적으로 다루는 가운데 철학적으로 이해하고 생각할 수 있는 사고의 힘은 물론이고 상대의 가치를 인정하고 이해하며 존중하는 인성 교육이 이루어지는 것이다.

결론적으로 가치관과 인성 교육이 배제된 현재의 디베이트 교육을 독서 교육이란 콘텐츠로 보완하고 지금까지 널리 행해져 왔던 독서토론의 한계점을 디베이트라는 토론 방법으로서 보완하고자 '독서디베이트'라는 독후 활동 방법을 포함한 교육 방법을 개발한 것이다.

▶화룡점정 독서디베이트

독서디베이트는 기존 독서토론의 한계점을 뛰어넘는 것은 물론 정책 논제 디베이트 교육의 문제점이 보완된다는 놀라운 사실을 알게 해 주었다. 그것은 독후 활동에서의 독서디베이트가 중국 고사에 나오는 화룡점정과 같은 교육 효과를 가져올 수 있다는 것이다.

독서디베이트의 효과를 '화룡점정'이란 비유로 표현할 수 있는 이유는 독서 교육과 토론 교육이란 두 가지 교육이 독서디베이트 안에서 만나 시너지가 극대화되기 때문이다.

▶생명력 있는 토론

우선 독서디베이트는 책에서 논제를 찾고 그 논제로 자신에게 주어진 찬성이나 반대의 입장에서 논증해 나가는 과정이다.

이때 주어진 논제는 끝없는 질문을 갖게 한다. 토론자들은 그 질문에 대한 해답을 찾아야 하며 이때에 질문에 대한 해답은 철저히 분석과 비판을 통해 준비된 객관적 자료로 논증을 통해 제시해야 한다. 이러한 과정이 바로 독서토론과의 차이점이며 이는 기존의 독서토론에 생명력을 불어넣은 효과를 가져올 수 있다.

또한 논증 과정에서는 논제가 던져 주는 질문에 대해 충분한 자료 조사를 해야 하며 그 가운데에서 핵심을 찾아 논증의 구조를 만들어 나가야 한다.

이러한 과정은 통찰력을 갖게 하고 다양한 지식과 정보를 습득하고 재구성하는 학습 능력, 자신의 관점을 분명히 인식하는 철학적 사고력을 습득하게 한다.

▶삶의 본질 찾기

독서디베이트는 책에서 논제를 찾아내기에 논제 자체가 가치 논제로 구성되어 있다. 디베이트를 위한 선정 도서는 문학작품을 위주로 하기에 문학작품 안에 담겨있는 가치관의 문제를 주로 다룬다. 이것은 초등학생용 동화책이든지 성인을 위한 문학작품이든지 모두 마찬가지로 예외가 있을 수 없다. 성인용 도서에서는 비문학 작품을 다룬다 하여도 경우에 따라서는 시사 논제나 사실 논제, 가치 논제와 함께 다뤄지기도 한다.

초등학생용 도서 중에 『나쁜 어린이 표』라는 책으로 디베이트를 할 경우 '학생의 행동 수정을 위해 스티커 제도는 필요하다'라는 논제는 정책과 가치가 함께 다루어지는 논제이다. 또한 『6학년 1반 구덕천』이란 책으로 디베이트 할 경우 논제를 '왕따는 본인에게 책임이 있다'로 정하였는데 이는 책을 가지고 사회현상을 다루는 시사 논제 또는 응용형 논제로 분류할 수 있지만, 사실상 디베이트 과정에서 자신들의 가치관을 나타내게 되는 것으로 본다면 인성 문제를 다루는 가치 논제에 더 부합되며 이를 통해 삶의 본질 찾기를 가르치게 되는 것이다.

현재 퍼블릭포럼 디베이트라는 디베이트 형식을 가지고 교육하는 사람들은 정책 논제를 주로 다루고 있으며 가치 논제는 디베이트 교육에서 다루지 않는 것이 좋다고 말한다. 그 이유는 찬성과 반대의 균형이 맞지 않는다는 것이다. 하

지만 독서디베이트는 이러한 이유가 잘못되었다는 것을 증명하고 있다.

왜냐하면 독서디베이트는 가치관을 다루는 것을 목적으로 하기에 철학적 사고의 훈련은 필수적인 것이다. 또한 가치에 대한 논증 과정에서 사회의 구조적 문제점을 다루어야 하기에 분석 능력 또한 정책 논제를 다루고 있는 시사 디베이트에 뒤지지 않는다. 이처럼 독서디베이트는 인간이 추구해야 할 본질을 논제 안에서 찾아야 주장이 완성되기에 기존의 디베이트 교육과 차원이 다른 철학교육이라고 말할 수 있다.

2. 지식 스포츠, 디베이트에 대한 이해

▶디베이트는 '지식 스포츠'라는 개념의 게임으로 진행하는 교육
  용 토론이다

'디베이트'란 엄격한 규칙을 지닌 찬반 토론으로, 주어진 논제를 가지고 '지식 스포츠'라는 개념으로 진행하는 게임 형태의 토론 방법이다. 이는 기존의 토론과 다르게, 게임의 성격을 갖고 있기에 정해진 규칙에 따라 정해진 인원으로 팀을 구성하여 진행하는데 각 팀에게는 추첨에 의해 찬성과 반대 입장이 주어진다. 그 후 각 팀은 논제를 통해 자기 팀에게 주어진 찬성과 반대의 입장에 따라 관련 자료들을 조사하여 자기편의 입장에서 완결성과 타당성 있는 주장을 펼쳐 나가는 게임 형식의 토론이다.

이때에 논제는 사실 논제, 정책 논제, 가치 논제 등을 가지고 진행하며 때로는 교육 현장에서 필요한 생활 논제를 가지고 진행하기도 한다.

디베이트에 참여한다는 것은 주어진 논제를 통해 관련된 지식을 소재로 토론 방식의 게임에 참가하는 것이다. 따라서 참가자들은 자신이 맡은 발언 순서에 책임을 져야 하며 이를 위해 주어진 논제를 가지고 논제 분석과 자료 조사가 시작된다. 이러한 특징은 참가자들에게 논제에 관련된 폭넓은 배경지식을 쌓게 한다. 뿐만 아니라 자료를 찾는 과정이 게임을 한다는 생각으로 인해 자발적으로 참여하는 것에 큰 의미를 갖는다. 자료를 찾고 논증하기 위해 비판적으로 분석하는 과정에서는 사고력을 터득하게 되면서 자연스럽게 비판적인 사고와 분석 능력을 키운다.

▶첫째, 디베이트는 엄격한 규칙에 따라 진행되는 토론이다

디베이트의 규칙에는 형식과 시간의 규칙이 있는데 형식에는 입론, 반론, 교차 질의 또는 교차 토론, 재반론, 최종 변론이란 항목이 있다. 이런 항목들은 각 국가별 또는 토론 교육 기관별, 교육 단체 등에 의해 발언 순서와 시간 배정 등이 다양하게 재배열되어 사용되고 있다. 이로 인해 각기 다른 이름의 디베이트 형식이 생겨나게 되었고 참가자들의 수준과 필요에 따라 다양한 형식의 디베이트를 토론 교육에 사용하고 있다. (영국 의회식, 미국 의회식, CEDA 방식, 링컨더글라스 방식, 퍼블릭포럼 방식, 칼포퍼 방식, K-CEDA 방식 등)

K-CEDA 디베이트 포맷

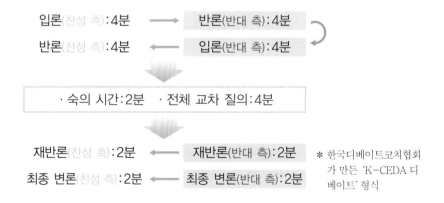

입론(찬성 측):4분 ⟶ 반론(반대 측):4분
반론(찬성 측):4분 ⟵ 입론(반대 측):4분

·숙의 시간:2분 ·전체 교차 질의:4분

재반론(찬성 측):2분 ⟵ 재반론(반대 측):2분
최종 변론(찬성 측):2분 ⟵ 최종 변론(반대 측):2분

* 한국디베이트코치협회가 만든 'K-CEDA 디베이트' 형식

▶둘째, 엄격한 규칙 중에는 '시간의 규칙'이 필수 조건이다

예를 들어 입론과 반론을 발언할 발언자에게는 4분, 재반론과 최종 변론을 발언할 발언자는 2분의 시간을 준다. 하지만 이 시간 배정은 2분, 3분, 4분, 7분 등 필요와 상황에 따라 유연성 있게 사용하기도 한다. 하지만 토론 대회에서는 공신력 있는 한 가지 토론 형식을 선택하여 대회를 진행하는데 그 형식들은 대부분 기본적인 시간 규칙을 갖고 있다.

이처럼 시간의 규칙이 주어진 이유는 토론자들의 토론 역량을 평가함에 있어서 동등한 기회를 부여하고자 함이다. 또한 토론자 입장에서는 주어진 시간 안에 자신이 해야 할 발언의 핵심 내용을 요약, 정리하여 정확하게 표현하는 의사소통 역량이 훈련되는 기능을 담고 있다. 규칙은 토론자들에게 읽기, 듣기, 말하기, 쓰기를 자연스레 훈련시키며 탁월한 학습 능력으로 발전되는 계기가 된다.

▶셋째, 찬성, 반대의 역할은 임의로 주어진다

즉 기존의 토론은 평상시 자신의 생각대로 찬성과 반대의 편을 선택하여 주장을 펼쳐 나가지만 디베이트는 동전 던지기 또는 가위바위보 등에 의해 자신의 의사와 상관없이 결정된 편에서 토론을 전개해 나가는 논리 게임인 것이다.

따라서 주어진 논제에 대해 자신의 입장을 논리적으로 정리, 주장하고 상대의 주장을 비판적으로 분석하여 반론하는 것이 게임의 방법이다.

논리 게임 디베이트는 그 결과를 제3자인 청중과 심판으로부터 주장의 논리성, 근거의 타당성과 풍부한 논증의 실력을 평가받아 승패를 판정받는 토론 활동이다. 이때 논증의 실력은 양 팀이 형식과 규칙에 따라 엄격하게 객관적이고 논리적으로 검증되어야 하며 모든 발언 순서가 끝나고 나면 그 내용과 태도에 대해 심판과 청중이 판정 기준에 따라 점수로 판정한다.

▶승패를 가르는 가장 큰 이유는 동기부여에 있다

학생들이 토론에 참여하기에는 많은 심리적 부담이 있다. 하지만 승패를 가르는 게임이란 것은 참가자들에게 힘들지만 도전하고 싶은 마음을 갖게 한다. 이는 마치 스포츠 게임이 격한 운동일지라도 승부를 가르며 서로의 기량을 겨루듯이 디베이트 또한 진행 과정이 많이 부담스럽지만 논증의 기량을 겨루는 학습용 토론이기에 참가 학생들은 흥분과 기대감을 가지고 토론에 참여한다. 이러한 '디베이트'의 특징을 쉽게 이해하도록 하기 위해 '지식 스포츠'라는 용어를 사용하여 토론 교육의 새로운 장을 열고자 한다.

디베이트란?

찬성과 반대 측으로 나뉘어 게임 형식으로 논리를 펼쳐가며 승패를 가르는 형식이 있는 교육용 토론 학습

디베이트는 **지식 스포츠** ➡ **도구**(지식) **규칙**(형식) **정신**(매너) 이다.

▶지식 스포츠 디베이트

스포츠에는 도구, 규칙, 스포츠 정신이라는 세 가지 구성 요건이 있다.

디베이트도 마찬가지이다. 디베이트의 도구는 지식이다. 그리고 규칙은 앞 (P. 53)에서 예시를 든 'K-CEDA 디베이트 포맷'과 같이 순서와 시간의 규칙 이 있고 스포츠 정신에 해당되는 디베이트 정신은 승패에 반영되는 채점 사안 으로 '공동체 정신'을 말한다. 이는 상대방의 입장을 배려하고 경청하는 예절 을 갖추는 것으로 스포츠 정신에 비유할 수 있다.

3. 독서토론과 독서디베이트의 차이점

디베이트는 '지식 스포츠'라는 개념의 게임으로 진행하는 교육용 토론이다.

독서토론은 독서 활동의 연장선에서 독후 활동으로 이루어지는 토론으로 책 읽기 중심의 독서토론과 토론 중심의 독서디베이트로 분류할 수 있다.

▶책 읽기 중심의 토론이 독서토론이다

책 읽기 중심의 독서토론이란 독서의 심화 활동 분야에 속한다. 진행 방식은 주로 토의나 자유 토론 방법으로 진행한다. 독서토론에서 진행 내용은 독자의 관점이나 가치관에 따라 책의 내용을 어떻게 이해했는지를 다루고 있다. 이때 의견 대립은 없다. 서로 자유로운 분위기 속에서 토론자들은 자신의 생각을 교류하는 형태를 취한다. 즉 토론 참여자들이 의견 차이를 인정하고 서로의 의견에 대해 질의하고 응답하는 과정의 연속으로 구성된 것이 독서 활동 중심의 독서토론이다. 그 예로 KBS2의 〈TV, 책을 말하다〉와 같은 프로그램이 있다.

▶토론하기 위한 책 읽기, 독서디베이트

독서디베이트는 토론에 중점을 둔 독후 활동이다. 진행 순서로는 책을 선정하고 선정한 책을 자세히 읽는다. 다양한 관점을 가지고 책 내용을 분석하는 것으로 시작하여 저자의 의도를 파악하는 것이 필수 조건이다. 그 후에는 책 내용이나 저자의 의도를 비판적 읽기로 바라보면서 서로 첨예하게 대립되는 관점을 찾아 쟁점을 만드는 것이 중요하다.

이렇게 만들어진 쟁점은 토론의 논제로 만들어지며, 만들어진 논제로 토론하는 과정을 갖는 것이 '독서디베이트'이다. 즉 책 안에서 쟁점을 찾을 때에는 첫째는 작가의 의도를 찾아 안건을 만든다. 둘째는 책 속에 나타난 내용 중에 현실 생활에서 쟁점을 형성시키는 내용을 가지고 안건을 만든다. 만들어진 안건은 디베이트 방식으로 토론하는 과정을 거치며 책의 내용뿐 아니라 그에 관련된 다양한 자료를 찾아 자신에게 주어진 찬반 입장의 근거로 활용한다.

이때 토론자들은 자신이 맡은 입장에 대해 책에서 주장과 근거를 찾아야 하며 아주 자세히, 분석적으로 책을 읽어야 한다. 그리고 주장인 논점을 만들어 논리를 펼쳐나갈 때에는 다양한 근거 자료로 논리를 튼튼히 세워가야 한다. 따라서 자세한 책 읽기 뿐만 아니라 연계 도서와 사회적 관련 정보를 리서치하는 것도 매우 중요하다. 이러한 과정은 논제에 관련된 지식이 극대화되는 경험을 하게 되며 관련 자료 리서치를 통해 독서력의 향상이라는 두 가지 역량이 훈련된다.

▶독서토론과 독서디베이트의 차이점

	독서토론	독서디베이트
내용	저자의 집필 의도 이해 독자들의 독서 감상 독서 내용의 깊이 있는 해석	저자의 집필 의도에 대한 찬반 토론 책 내용에 있는 소재의 쟁점 독서 내용의 깊이 있는 분석
방법	이야기 토의, 토론 진행 과정에 대립이 없음	교육용 토론 디베이트 엄격한 규칙에 따른 대립 토론
결과	독자의 관점이나 가치관에 따라 책의 내용을 이해하는 것	독서력과 학습 역량의 향상 토론 역량 훈련

방법의 차이점

독서디베이트는 지식 스포츠인 교육용 토론 '디베이트'를 도입한 독후 활동이다. 일반 토론 교육에 있어서도 디베이트는 형식이 주는 교육 효과로 인해 화룡점정의 역할을 맡고 있다. 따라서 기존의 독서토론이 참가자들의 만족을 채워주지 못한 이유가 토론 방법의 한계에 있었기에 디베이트 방식으로 이루어지는 '독서디베이트'는 탁월한 독서 교육의 효과를 이루어 낼 수 있다.

그 비결은 첫째, 게임 형식으로 이루어진 '지식 스포츠' 형태에 있다. 문자 해독에 부담을 갖고 있는 아이들에게 게임 형식의 독서토론 접근이란 자연스럽고 즐겁게 책장을 열게 하는 매력이 있다. 독서에 대해 뛰어난 동기 부여를 해준다.

둘째, 독서디베이트 과정에서 자신의 독서 역량이 즉각적으로 검증되는 특징이 있다. 대부분 아이들이 책을 읽으면서도 자신의 독해 능력과 이해력 등을 객관적으로 진단할 방법이 없다. 하지만 '독서디베이트'는 진행 과정에서 자신

이 한 발언으로 인해 얼마나 깊이 있게 책을 읽었고 폭넓게 이해했는지를 즉각적으로 확인이 되는 활동이다.

독서디베이트는 디베이트를 위해 책을 읽고, 읽은 책으로 디베이트하는 과정 속에서 뛰어난 독서력이 훈련된다. 이러한 결과는 곧 공부하는 비법을 능동적으로 터득하게 되며 준비 과정에서 자기 주도 학습의 방법과 습관이 몸에 체득되는 독후 활동이다.

내용에서의 차이점

일반 독서토론은 책 내용에 대한 이해 도모를 목적으로 이야기 토의, 토론 방식으로 진행하는 독후 활동이다. 즉 여러 구성원이 동일한 도서를 읽고 저자의 작의를 찾고 그것을 중심으로 안건을 찾아내며 안건에 대한 자신의 생각을 교환하는 형태의 독후 활동이다. 여기서 참가자들은 상호간에 갖고 있는 생각을 공유하면서 책을 더 깊이 읽게 되는 효과를 얻게 되고 저자가 제시한 문제를 중심으로 다양한 관점을 듣게 됨으로 입체적인 책 읽기를 하게 된다.

이러한 특징은 '책 읽기 중심의 토론 활동'이라는 표현으로 기존 독서토론의 개념을 정의할 수 있다. 이에 반해 '독서디베이트'는 선정한 책을 자세히 읽고 책 내용과 저자의 집필 의도에 대하여 분석적이며 비판적 시각을 가지고 토론하는 것이다.

독서토론과 독서디베이트는 우선 책 읽기부터가 다르다. 기존의 독서토론은 감상적 읽기가 전제되지만 독서디베이트는 비판적 읽기가 기본이다. 그리고 디베이트는 반드시 찬성과 반대의 입장을 가질 수 있는 논제를 찾아서 한다. 논제가 다루는 내용은 작가의 집필 의도나 책 속에 나온 내용 중에서 찾아낸다. 책 속에서 디베이트의 논제를 정하고 논제에 대한 찬반 입장의 논리 게임을 하는 것이 독서디베이트인데 이는 책의 내용을 한층 깊이 있게 다루게 되는 토론 중심 독서 교육이다.

특히 작가의 집필 의도를 가지고 논제를 찾았을 경우 작가의 철학적 세계를 심층 분석할 수 있는 깊이 있는 토론을 하게 됨으로 참가자들 자신이 철학적 소양을 갖게 하는 교육이다. 아울러 책에 있는 내용 중에서도 좋은 모티브를 가지고 논제를 만들게 될 경우는 지식의 확장이란 효과를 가져올 수 있다. 또한 책 속에 나타난 사건이나 현상을 끄집어내어 토론 논제를 찾았을 경우에는 그와 관련된 사회현상이나 지식 정보를 총동원하게 되는데 이러한 것은 저자의 집필 의도와 별개의 영역에서 이루어지는 독후 활동이며 학습 능력 향상의 효과를 보게 하는 독후 활동인 것이다.

독서디베이트는 토론 참가자들이 기존 독서토론 활동에 참여할 때보다 몇 배의 준비 과정이 필요하다. 물론 이러한 준비 과정으로 인해 참가자들은 몇 배의 독서 교육의 효과를 얻게 된다. 단순히 저자의 의도에 공감하고 감동을 얻거나 책의 내용을 이해하는 독후 감상 정도의 독서가 아니다. 책 내용에 대하여 자신의 의견을 논리적 체계를 갖추어 말할 수 있게 하며 그 내용에 대해 전문가적 식견과 철학적 사고력을 갖게 한다. 무엇보다 저자가 말하고자 하는 것과 책 속에서 언급된 내용에 대하여 전체를 볼 수 있는 통찰력 훈련이 가장 큰 교육 효과이다.

▶다람쥐 쳇바퀴 독서토론 vs 생명력 있는 독서디베이트

현재 우리나라에서 진행 중인 독서 교육은 공교육에서 이루어지는 교실 독서 지도와 한우리, 대성, 솔루니 등 독서 지도를 표방하는 사교육 업체의 독서 논술, 그리고 지역에서 활동하는 독서 지도사들이 가르치는 독서 지도로 나뉜다.

이러한 독서 지도에서 최근에 강조되고 있는 것이 '독서토론'이란 독후 활동이다. 성인들 사이에서도 독서 모임은 활발하게 이루어지고 있는데, 그들 또한 독서 활동의 효과성을 위해 '독서토론'이란 독후 활동으로 활발하게 모임을 이끌어 간다. 예로 인터넷 사이트에서 '독서토론 모임'이란 단어로 검색해 보면 수백 개 이상을 찾을 수 있다.

그런데 일반 독서토론 모임의 실상을 보면 모임에 참가한 참가자들이 소극적인 모습으로 활동에 참여하거나 만족도가 매우 저조하다는 것이다.

▶지식과 지혜, 지성을 증폭시키기 위한 독후 활동

이 글에 나타나 있듯이 보통의 독서토론에 참가하는 이들의 공통된 생각이 있다. 독서토론이 매우 좋고 중요하다는 것에 대하여 많은 이야기를 들어왔지만 정작 본인들은 그것이 왜, 어떻게 좋은지 잘 모르고 있다는 것이다. 그리고 독서토론을 통해 얻어지는 효과를 제대로 체험하지 못하고 있다는 사실이다.

독서 교육의 현장이든 성인들의 독서 활동이든 우리가 '독서토론'이란 독후 활동을 하게 된 것에는 분명한 이유와 목적이 있다. 그것은 책을 보다 잘 읽기 위한 것이며 책을 읽고 난 후 그 내용으로 인하여 삶의 지식과 지혜, 지성이 증폭되기를 바라는 것이다.

그렇다면 이러한 목적에 현재의 독서토론이 얼마만큼 효과를 거두고 있는지 다시 한 번 살펴볼 필요가 있다. 물론 기존의 독서토론처럼 부담 없이 모여 책에 관한 이야기를 나누고자 하는 것이 무의미하다는 것은 아니다. 독서디베이트를 고안하고 독서디베이트의 필요성을 강조하는 이유는 교육 현장에서의 독서 지도 방법을 제시하고자 하는 것이다.

이러한 사실을 인정하는 공교육 현장에서는 보다 나은 독서 지도를 위해 많은 연구와 노력을 기울여 왔다. 즉 공교육 현장에서는 독서 지도의 효과를 극대화시키고 독서 모임에서는 독서 활동의 목적을 제대로 성취시킬 독후 활동 방법의 진화가 절실하게 필요하다.

이러한 필요에 따라 고안되고 검증된 독서토론 방법이 '독서디베이트'이다.

최근에는 공교육 교사들의 독후 활동 방법의 개선 노력이 매우 열정적이다. 그 열정의 모습이 특히 경기도 권역의 약 70여 초등학교 수석 교사들을 통해 나타났다. 수석 교사라 함은 학교에서 교육 콘텐츠의 연구와 개선을 책임지는 사람이다. 그분들이 독서디베이트 교육 전문가 과정인 '토론 교육사(디베이트 코치) 2급' 과정을 교육받고 자격증을 얻었으며 각 학교에서 토론식 수업과 독서디베이트 교육을 적용해 나가고 있다. 그뿐만 아니라 지난 2년 동안 서울, 경기권 도서관과 지방자치 평생교육기관에서는 독서디베이트 코치 양성 과정 운영을 필자가 운영하는 협회에 의뢰하여 현재 약 1,500여 명의 전문 교사를 양성하고 있다.

공공 기관 독서디베이트 코치 양성 과정 진행 현황

- 2012년 3월 7일 : 대구백화점 독서디베이트 코치 양성 과정 개설(12주 과정)
- 2012년 3월 20일 : 강남도서관 독서디베이트 코치 양성 과정 개설(16주 과정)
- 2012년 3월 26일 : 관악문화관 독서디베이트코치 양성 과정 개설(16주 과정)
- 2012년 5월 4일 : 부평도서관 독서디베이트코치 양성 과정 개설(12주 과정)
- 2012년 5월 31일 : 인천동구 청소년수련관 독서디베이트 코치 양성 과정 개설(16주 과정)
- 2012년 9월 3일 : 관악문화관도서관 제2기 독서디베이트 코치 양성 과정 개강(15주 과정)
- 2013년 3월 13일 : 성남중앙도서관 독서디베이트 코치 양성 과정 개강(16주 과정)
- 2013년 3월 27일 : 의왕시중앙도서관 독서디베이트 코치 양성 과정 개강(16주 과정)
- 2013년 4월 1일 : 강남도서관 독서디베이트 코치 양성 과정 개강(16주 과정)
- 2013년 4월 8일 : 평택도립도서관 독서디베이트 코치 양성 과정 개강(16주 과정)
- 2013년 4월 20일 : 김포도립도서관 독서디베이트 코치 양성 과정 개강(16주 과정)
- 2013년 6월 14일 : 용인여성회관 독서디베이트 코치 양성 과정 개강(16주 과정)
- 2013년 8월 8일 : 대구본리도서관 독서디베이트 코치 양성 과정 개강(16주 과정)
- 2013년 8월 29일 : 의왕시여성회관 독서디베이트 코치 양성 과정 개강(16주 과정)

- 2013년 9월 23일 : 남양주시 평내도서관 독서디베이트 코치 양성 과정 개강
  (12주 과정)
- 2013년 10월 1일 : 강서등빛도서관 독서디베이트 코치 양성 입문 과정 개강
  (12주 과정)
- 2013년 10월 15일 : 고척도서관 독서디베이트 코치 양성 과정 개강
  (12주 과정)

＊2013년 10월~12월 경기도 권역 72개 학교 수석 교사 독서디베이트 코치 2급
  자격 과정 연수

- 2014년 2월 : 남양주시 별내도서관 독서디베이트 코치 양성 과정 개강
  (14주 과정)
- 2014년 2월 : 남양주시 진접도서관 독서디베이트 코치 양성 과정 개강
  (14주 과정)
- 2014년 2월 : 남양주시 퇴계원도서관 독서디베이트 코치 양성 과정 개강
  (14주 과정)
- 2014년 2월 : 남양주시 오남도서관 독서디베이트 코치 양성 과정 개강
  (14주 과정)
- 2014년 3월 : 남양주시 화도도서관 독서디베이트 코치 양성 과정 개강
  (14주 과정)
- 2014년 3월 : 남양주시 평내도서관 독서디베이트 코치 양성 과정 개강
  (14주 과정)
- 2014년 3월 : 남양주시 진건도서관 독서디베이트 코치 양성 과정 개강
  (14주 과정)
- 2014년 3월 : 고양시 백양중학교 학부모 독서디베이트 코치 양성 과정 개강
  (10주과정)
- 2014년 3월 : 강남도서관 독서디베이트 코치 양성 과정 개강(16주)

- 2014년 4월 : 서남지역사회교육협의회
- 2014년 4월 : 고척도서관
- 2014년 4월 : 고양시교육청 사서 독서디베이트코치 양성 과정 개강(12주)
- 2014년 5월 : 의왕중앙도서관
- 2014년 5월 : 성남도촌초등학교 학부모 독서 디베이트 코치 양성 과정 개강 (10주)
- 2014년 5월~6월 : 경기초등교과토론연구회 수원, 파주 지역, 디베이트 코치 양성 과정(3급)
- 2014년 9월 : 양평군립도서관 독서디베이트코치 양성과정 개강(10주)
- 2014년 10월 : 이천시 교육청 사서 독서디베이트코치 양성과정 개강(12주)
- 2014년 10월 : 수원 선경도서관 독서디베이트코치 양성과정(입문)
- 2014년 10월 : 의왕시 청계도서관 독서디베이트코치 양성과정(20주)
- 2014년 11월 : 제2차 경기초등교과 토론연구회 남부지역 디베이트코치양성 과정(3급)

▶독서토론의 진부함과 생명력은 무엇을 가지고 구별하는가?

교육과 학습의 목적은 변화이다. 독서토론도 스스로 할 때에는 학습이며 교육 현장에서 이루어질 때는 교육이다. 따라서 독서토론의 결과는 학생과 성인에게 삶의 변화를 끼친다. 단순히 지적인 향연을 즐기는 것으로 그친다면 50%의 목적 달성이라 볼 수밖에 없다.

독서디베이트는 삶을 변화시켜 주는 결과를 가져온다. 왜냐하면 독서디베이트를 위한 책 읽기의 틀은 뇌 구조를 변화시키는 사고의 틀을 만들어 주기 때문이다. 독서디베이트가 만들어 주는 사고의 틀은 생각의 변화를 자연스럽게 가져올 수 있기에 독서디베이트를 하는 사람들에게 자신도 모르게 삶의 변화를 가져오게 하는 역동적인 활동이 될 수 있다. 이것이 기존의 독서토론과 독서디베이트의 차이다.

4. 독서디베이트의 교육 효과

'지식 스포츠'란 별칭의 디베이트는 논리 게임의 속성을 갖고 있기에 디베이트 참가자들이 자신의 팀을 승리로 이끌기 위해 더욱 노력하게 만드는 매력을 갖고 있다.

전문가의 심판에 따라 승패를 판정하는 '게임의 속성'은 승부욕이라는 기본 욕망을 자극시키기에 소속 팀의 승리를 원하는 참가자들은 자신도 모르게 게임에 몰입하며 승리를 위해 모든 힘을 다 쏟게 된다.

디베이트라는 지식 스포츠 게임에서 승리하기 위해서는 먼저 설득력 있는 주장을 만들어야 한다. 그리고 자기 팀의 주장을 증명하기 위한 각종 학문적 근거와 통계, 사회적 증거 자료 등을 제시해야 한다. 뿐만 아니라 주장과 근거를 찾을 때는 논제를 가지고 찬성과 반대, 양쪽 모두의 입장에 대해 충분히 준비해야 한다. 이러한 준비 과정을 '리서치 과정'이라 하는데 이 과정은 참가자들의 학습 역량을 크게 강화하는 효과를 가져온다.

▶독서디베이트의 일차 목적＝독서에 대한 흥미와 의욕 고취

성장기에 있는 학생들은 독서에 흥미를 갖는 것이 매우 중요하다. 그 다음은 자신이 읽은 책과 여러 가지 자료 속에서 핵심적인 지식과 정보를 찾아내고 조

합하는 능력을 기르는 것이 중요하다. 즉 아래와 같이 다섯 가지 역량을 자신의 것으로 만들어야 한다.

1) 책 내용에 대한 깊은 이해
2) 추론적 비판 사고
3) 관점과 사고의 다양성(다른 견해에 대한 이해)
4) 발표력을 통한 자신감
5) 논리적 글쓰기

▶독서디베이트의 효과

1. 듣기와 말하기, 읽기와 글쓰기가 탁월해진다.

이는 기본적으로 디베이트 교육에서 나타나는 교육 효과이다. 그러나 특히 책을 통하여 논제를 찾고 토론하는 독서디베이트는 항상 근거를 우선적으로 책에서 가져와야 하기에 책 읽기가 남달라진다. 그렇지 않으면 자신의 주장을 튼튼히 만들어 갈 수 없고 흐름을 잡을 수 없기 때문이다.

책에서 찾아오는 논서 찾기 훈련은 아이들의 책 읽기 깊이를 새로운 차원으로 이끌어 간다. 뿐만 아니라 상대방의 말을 경청하고 반론하는 과정에서 디베이트 기본인 듣기와 말하기가 훈련된다. 또한 찬반 입론을 미리 준비해야 하는 과정에서 논리적인 글쓰기가 저절로 된다.

보통 "디베이트를 하면 글쓰기 실력이 왜 좋아지죠?"라고 반문할 수도 있다. 글쓰기의 가장 중요한 포인트는 무엇일까? 글은 자신의 생각을 남에게 보여주

는 것이다. 왜냐하면 좋은 글이란 자신의 생각이 드러나야 되기 때문이다. 이런 의미로 볼 때 독서디베이트를 하게 되면 논점과 논거를 책에서 찾아야 하기 때문에 자신의 생각을 정리하는 능력이 생긴다. 정리된 생각 위에 좋은 근거를 첨가하는 훈련과 적합한 용어를 사용함으로써 글쓰기가 향상될 수 있다.

2. 인성, 논리적 사고력, 창의력이 좋아진다.

디베이트는 진행 방법과 정신에 역지사지가 근본을 이루고 있다. 자신의 주장이 아닌 주어진 입장으로 논리를 전개해 나가면서 평상시 내가 가졌던 생각과 다른 입장들에 대해 열린 생각과 열린 마음으로 대하게 되는 것이 가장 커다란 교육적 효과이다.

또한 디베이트 전개 과정에서는 이치에 맞는 주장을 철저한 객관적 사실로 뒷받침하면서 쉽고 간단하게 논리를 펼쳐 나가야 한다. 이를 논리성이라 하며 이러한 노력의 반복은 논리적 사고력을 갖게 한다. 논리성을 갖기 위해서는 평상시에도 항상 근거를 찾는 훈련을 해야 한다. 왜냐하면 근거를 제시하지 않고 말할 경우에는 왜 그렇게 생각하였는지를 상대 팀으로부터 반문을 받게 되고 대답이 적절하지 못하면 디베이트 게임에서 패자가 되기 때문이다. 따라서 주장을 펼칠 때면 항상 '더 좋은 근거는 없을까?'라는 생각을 가져야만 한다. 결국 항상 '왜', '어떻게'라는 질문을 던지게 됨으로써 저절로 창의력 또한 훈련된다.

3. 학교 성적이 좋아진다.

독서디베이트는 '지식 스포츠'라는 게임을 통해 자연스럽게 책을 접하게 한다. 그리고 게임에서 좋은 성적을 내겠다는 마음으로 자료 조사를 하게 된다. 보통 성적이 좋지 않은 아이들의 원인을 분석해 보면 우선 책을 접하는 것에 대하여 기본적인 거부감이 있고 다음으로 공부하는 방법을 모르며, 공부할 때에 집중하지 않으므로 성적이 향상 되지 않은 경우가 많다. 성적이 향상될 수 있는 방법의 한 가지는 책(교과서)에 대한 흥미이다.

독서디베이트의 첫 번째 목표는 디베이트를 통해 책을 재미있게 읽게 하는 것이다. 또한 책으로 디베이트하는 과정에서 상대 팀에게 논리적이고 구체적인 논거를 제시해야 하는 특징상 스스로 자료를 조사하고, 분석하는 과정에서 자연스럽게 학습 역량이 훈련될 수 있다. 훈련된 자료 조사와 학습 역량을 학과목에 적용하면 학교 성적 향상의 기초가 될 수 있다.

4. 논술을 잘 쓰게 된다.

논술문 쓰기를 학생들이 매우 힘들어 한다. 그 이유는 써야 할 글 내용이 머릿속에서 생각의 정리가 안 되어 있기 때문이다. 글이라 함은 자신의 생각을 문자로 나타내는 것이다. 따라서 글을 쓰기 전에 반드시 해결되어야 할 것은 자신이 말하고자 하는 내용이 생각 속에서 정리되어 있어야 한다.

인터넷 검색 창을 뒤져봐도 속 시원하게 논술문을 잘 쓰기 위한 방향이나 방법을 제대로 제시해 주는 경우를 찾아보기 힘들다. 그렇다고 학원에 가도 글 쓰는 형식만 가르치고 반복된 연습만 강조할 뿐 무엇이 문제고 어떻게 해야 글쓰

기가 풀리기 시작하는지 해답을 명쾌하게 제시하지 못하고 있다.

그럴 수밖에 없다. '생각의 정리'가 되는 방법을 그들은 경험해 보지 못했기 때문이다. 즉 '디베이트'라는 논리 게임을 통해 훈련을 한 사람은 저절로 이루어지는 것이 생각의 정리이지만, 이것을 경험해 보지 않은 사람은 억지로 생각 정리를 해야 하기에 매우 어려운 작업으로 느껴진다.

이것은 마치 '생활의 달인'이라는 텔레비전 프로그램에서 볼 수 있는 각종 직업의 숙련자들이 자연스럽게 뛰어난 기량을 보여주는 것처럼 디베이트는 '생각의 정리'라는 생각하기 역량을 숙련시켜 주는 도구이다.

디베이트가 가지고 있는 특성이 논술하고 동일하다. 즉 나의 생각을 말로 하면 토론이고 글로 쓰면 논술이기 때문이다. 따라서 디베이트를 통해 생각하기가 숙련된 사람은 자신의 머릿속에 정리된 생각을 그대로 글로 옮겨 쓰며 자연스런 논술문을 작성하게 된다.

논술문은 자신의 생각을 제시문에 맞게 논리적으로 표현하고, 타인에게 자기의 생각을 설득시킬 수 있어야 좋은 글이 된다. 그렇게 하려면 타당한 근거 제시가 관건이다. 타당한 근거를 제시하려면 다양한 분야의 책을 읽어야 하고 책을 읽으면서 작가의 의도나 문장의 표현 방식을 생각해야 한다. 이러한 과정을 통해 논리적이고 객관적인 생각을 하게 되며 논술문 쓰기의 기초가 형성되는 것이다. 이처럼 독서디베이트는 책을 읽고 토론하는 훈련 과정에서 자연스럽게 논술의 기본 능력이 훈련된다.

5. 좋은 책을 골라 자세하게 읽는 능력이 길러진다.

좋은 책이란 읽는 사람의 수준에 맞아야 하는 책이다. 다른 사람들이 좋은 책이라고 추천해 준 책이라고 해서 모두 좋을 수는 없는 것이다. 왜냐하면 자신이 책 내용을 이해하고 분석할 줄 알아야 하는 것이다. 독서디베이트의 규칙에서 가장 중요한 것은 입론과 반론의 과정에서 주장과 근거를 찾을 때 일차적으로 책 속에서 가져와야 한다는 것이다. 그러려면 책 내용을 완전히 이해한 후 근거 자료를 찾아야 하기 때문에 자세히 읽고, 깊이 읽고, 분석적이고 비판적 읽기를 해야 한다.

6. 다각적인 사고를 통해 창의적인 문제 해결 능력이 발전한다.

세상을 살면서 예측 가능한 일들만 닥치지 않는다는 것은 인생의 선배들이 늘 하는 말이다. 때문에 다각적인 사고 능력은 창의적인 문제 해결의 전제 조건이다.

이 능력을 가진 사람은 급변하는 사회에서 나름의 적응력을 가지고 적극적으로 인생을 살 가능성이 높다. 이러한 문제 해결 능력은 무엇보다 책을 읽고 깊이 있는 분석을 통해 핵심 지식을 생성해 낼 수가 있는 것이다.

7. 자기 성찰을 통한 가치관 확립에 도움이 된다.

어떤 책은 사람의 가치를 다루는 내용들이 주를 이루고 있다. 이러한 책으로 시작하는 독서디베이트는 단순히 책의 내용만을 전제로 하지 않고 그에 대한 개인적인 가치관이나 시각에 따라 논제를 보는 눈이 달라진다.

더불어 논제에 대한 숨은 쟁점들에 대해 깊이 사고하게 되면서 심도 깊은 가

치를 발견할 수 있으며 자신에게 적용하는 간접적 체험이 가능하게 된다. 이는 독서와 디베이트가 결합함으로써 생기는 구체적인 장점이다. 이를 바탕으로 나를 생각하게 되고 구체적인 자기 성찰을 통한 가치관 확립에 도움이 된다.

5. 뇌 구조를 바꾸는 책 읽기 혁명, 독서디베이트

　지금까지 기존의 독서토론을 중심으로 한 독후 활동을 살펴보면서 독서디베이트와의 차이점을 열거하였다. 이렇게 여러 차례 독서토론과 독서디베이트의 차이점을 반복하여 설명한 이유는 독서디베이트에 대한 새로운 개념 정리와 더불어 독서디베이트의 역할과 기능에 대한 학문적 접근을 하기 위함이다.

　앞에서의 내용을 정리하자면 독서토론은 책에 대한 정서적 접근과 지식 정보의 교류를 중심으로 각자의 생각을 나열하는 형태로 이루어져 왔음을 볼 수 있다. 그러나 독서디베이트는 전혀 다른 차원으로 책 읽기를 시도하고 가르친다. 여기에서는 책 읽기의 목적성은 50%이다. 나머지 50%는 독자의 뇌 구조를 바꾸는 읽기 혁명에 있다.

▶ '뇌 구조를 바꾼다'는 것은 '생각의 틀을 바꾼다'라는 의미이다

　현대인들은 대부분 주변 상황에 대하여 표피적 이해와 순간적 판단, 주관적 해석으로 살아가고 있다. 이는 속도에 미쳐 있고 양적 팽창에 혈안이 되어 있는 자본주의 사회의 특성이 현대인의 삶을 지배하고 있기 때문이다.

　21세기 현대사회는 자본주의의 노예가 되었다 해도 과언이 아니다. 왜냐하면 모든 것을 자본의 논리 속에 해석하고 적용하며 살아가기 때문이다. 또한 이

들은 물질이 주는 풍요를 추구할 뿐이지 사회현상의 본질을 생각하거나 현재에 나타난 문제들에 대해 사회적 가치를 찾는 사고의 행위를 귀찮게 생각한다.

이는 현대사회에서 '깊이 있는 질문'이란 그저 귀찮은 일이며 스트레스를 주는 행위로 취급되고 있다는 것을 알 수 있다. '생각하지 않는 사회'를 우리는 그대로 방치해야 할까? 어쩌면 방치가 아니라 휩쓸려 가고 있는 것은 아닌지 생각해 볼 필요가 있다.

생각하지 않는 사회란 생각하는 사람이 부족하거나 생각의 깊이가 없는 사람들이 모여 사는 사회라 할 수 있다. 이는 철학적 사고와 역사적, 사회적 통찰력과 분석이 결여된 채 수동적으로 살아가는 사람들로 구성되어 있는 사회를 뜻한다. 이런 현상이 개인적인 문제로 끝나면 그리 크게 염려할 것이 없다.

즉 개인의 삶에서는 시행착오 정도로 끝날 수 있기에 심각한 문제가 아니란 것이다. 하지만 집단적 차원에서 '철학이 없는 사회, 담론이 없는 사회, 구조적 분석과 대안이 없는 사회라면 그 후유증은 집단의 존재와 영속성에까지 영향을 미칠 수 있는 심각한 문제이다.

환경문제, 분배의 문제, 사회적 약자의 문제, 계층 간의 갈등 등, 헤아릴 수 없는 중대한 문제들을 이 사회는 안고 있다. 하지만 이러한 불편한 진실들을 사람들은 외면하고 싶어 한다. 많은 사람들이 문제를 외면하며 덧붙이는 말은 '해답이 없다'는 것이다. 어쩌면 해답을 찾아가는 과정이 불편하기에 포기한다는 것이 솔직한 표현일 것이다.

우리가 살면서 포기한다고 없어지는 문제는 하나도 없다. 문제는 끝까지 문제로 남기에 적극적인 해결점, 해답을 찾아야 한다.

바로 이러한 이유로 인해 사회는 철학이 있는 사회가 되어야 하고 개인도 생각할 줄 아는 사고력 있는 사람이 되어야 한다.

▶창의적인 사람보다 기능인을 양성한 사회

지금까지 대한민국 사회는 '생각하는 사회'를 만들기보다는 '기능인 양성'에 더 많은 비중을 두었다고 볼 수 있다. 현대사회의 공교육의 출발은 산업화 시대에 기능인을 양성하기 위한 교육에서 출발했다.

우리나라도 일제 식민지 시대 때 서양 교육 시스템이 도입되었다. 그들이 교육 시스템을 들여온 이유는 일본의 식민지 경영에 필요한 기능인 양성 때문이었다. 이러한 교육 시스템은 군사 정권에서도 크게 달라지지 않았다. 결과로 보아 지식인의 양성보다는 근대화와 경제 개발이란 목표를 위해 기능 인력 양성이 교육의 목표였다 해도 과언이 아니기 때문이다.

기능인 양성 위주의 교육은 창의적 사고가 필요 없는 교육이다. 즉 업무를 추진함에 있어서 통찰, 분석, 본질을 찾는 자신의 사고력이란 것은 필요가 없고 그저 권위자의 주문에 따라 그것에 맞는 결과를 만들어 내는 것이 능력 있고 훌륭한 인재로 여겨졌기 때문이다.

이런 교육 환경에서 자란 이들, 즉 자신의 생각을 나타내지 못하고 위에서 시키는 대로 일만 한 이들이 국가의 중심 세대가 되어 경영을 책임지게 된 사회는 어떤 모습으로 운영되고 있을까? 어렵게 찾을 필요 없이 우리나라 정부의 모습을 들여다보면 쉽게 알 수 있다.

정부는 국민의 행복과 안정을 위해 책임지고 관리하며 일해야 한다. 그러나

이와는 달리 중앙정부가 되었든지 지방정부가 되었든지 너나 할 것 없이 정책을 입안하고 시행하는 모습에서 졸속 입안, 졸속 시행의 폐단이 나타난 것이 하나의 예다. 최근에 이명박 정부에서 시행한 4대강 유역 개발 사업이나 박근혜 정부가 내세운 복지정책과 창조경제사업도 동일하게 졸속 사업이란 평가를 받고 있다. 비단 행정부 차원에서 뿐만 아니라, 입법, 사법의 영역에서도 마찬가지이다.

이는 사회적으로 오랜 담론 끝에 나온 이야기가 아니고, 전문가들의 깊이 있는 연구 끝에 나온 정책도 아니며 몇몇 정치인의 머리와 펜 끝에서 급하게 결정된 사안들이 대부분이란 이야기다. 이에 대한 결과는 심각한 사회적 갈등 초래와 막대한 비용 지출이라는 후유증에 시달리게 한다.

'졸속'이란 단어의 반대는 무엇인가? 숙성이며 성숙이다. 생각이 없는 사회는 졸속으로 치닫고 개인은 시행착오의 늪에서 벗어나지 못한다. 반면에 숙성과 성숙의 사회는 안정과 공동체성의 회복이고 개인의 삶은 자존감의 회복과 스스로를 행복하다 여기는 자부심을 갖게 만드는 사회인 것이다. 졸속을 숙성으로, 숙성을 성숙으로 바꾸기 위해 우리에게 필요한 것은 무엇일까?

바로 생각의 틀, 뇌 구조를 바꾸는 교육 혁명이 있어야 한다.

▶뇌 구조를 바꾸는 세 가지 사고의 틀

교육 혁명은 세 가지 사고의 틀 속에서 자연스럽게 이루어진다.

첫째, 철학(Philosophy)적 담론이다. 이것은 가치에 관한 문제이다. 어떤 일이든지 그것이 갖는 사회적 가치, 공동체적 가치, 개인적 가치에 대하여 깊은 사고와 해석이 필요하다. 여기에는 도덕과 윤리가 함께 포함되어 있기에 사회가 건강하게 성장하기 위해서는 철학적 담론이 첫 번째 필수 요건이다.

둘째, 구조(Structure)에 대한 관찰이다. 즉 사회의 모든 현상들에 대하여 그 구조가 갖고 있는 형태가 공정성과 균등, 분배와 권리 등에 문제가 없는지를 살펴보는 해석과 평가에 대한 사고이다.

셋째, 본질(Fundamental)을 찾는 노력이다. 대부분의 사회적 현상은 사람들의 필요에 따라 변형된다. 예를 들어 가족 관계를 생각하면 이해가 쉽다. '관계'라는 단어는 공동체 사회에서 그 의미가 매우 중요하다. 특히 가족이란 관계는 국가를 지탱하는 최소의 질서 단위로 존재하면서, 건강한 사회를 만들어 가는 가치의 산실 역할을 해 왔다.

그러한 가족이 대가족에서 소가족으로, 부부 중심에서 개인 중심으로 변화됨에 따라 결혼도 필수 요소에서 선택적 요소로 변하고 있다. 이러한 가정 구조의 변화 속에 던져지는 현대인들의 질문은 바로 '가족 또는 가정이란 무엇인가?'라는 본질에 관한 질문이다.

이렇듯 철학적 담론, 구조에 대한 관찰, 본질을 찾는 노력이 바로 '뇌 구조를 바꿔주는 생각의 기본 틀'이다. 따라서 사람들은 삶 속에서 부딪히는 모든 문제에 대해 해답을 찾고자 할 때에는 위에 있는 세 가지 방향에서 생각하게 되면 이 '생각하는 틀'은 어떤 문제라도 해답을 찾게 한다.

'사고의 틀', '생각하는 틀'이란 일상생활에 도입할 경우 '기적과 같은 변화'를 가져온다. 이 틀은 단순한 원리로 이루어졌다. 보통 사람들은 자신의 삶을 변화시킨다는 것을 기적에 가까운 어려운 일로 생각한다. 하지만 삶의 변화란

행동의 변화이고 행동의 변화는 생각의 변화만 가져오면 저절로 이루어지는 일이다.

▶생각이 바뀌어야 행동이 바뀐다

다시 말해 사람은 생각이 바뀌어야 행동이 바뀐다. 행동은 습관을 만들며 습관은 성격으로 굳어져 버리면서 자신의 운명을 만들어 간다. 이런 원리를 우리는 너무도 잘 알면서도 자신의 삶은 바꾸지 못한다. 그것은 우리의 정신세계, 즉 '뇌 구조의 혁명'을 가져다 줄 방법을 만나지 못했기 때문이다. 뇌 구조의 혁명, 교육 혁명을 일으킬 방법이 필요하다. 그러한 방법으로 창안한 것이 '독서디베이트'이다. '독서디베이트'는 위에 말한 세 가지 사고의 틀을 가지고 책을 읽으며 계속된 질문을 갖게 하는 훈련이다.

이솝 우화의 『개미와 베짱이』를 읽고 독서디베이트를 해 보자.

논제는 '베짱이의 삶이 바람직하다'로 제시할 수 있다. 지금까지 『개미와 베짱이』에서는 개미의 성실함과 베짱이의 게으름을 주로 이야기해 왔다. 하지만 현대사회의 구조적 변화와 직업군의 다양성 대두로 인해 베짱이에 대한 해석이 바뀔 수도 있기에 정한 논제다.

우선 찬성 측인 베짱이 편에서는 베짱이가 노래를 하는 것은 자신이 잘하는 일이고 하고 싶은 일이라고 말할 수 있다. 따라서 '잘하거나 하고 싶은 일을 한다는 것은 그것이 전문성을 갖게 하고 새로운 직업 창출을 이루어 낼 가능성이 높아진다'라는 주장을 펼칠 수 있다. 아울러 '이는 결과적으로 직업을 갖는 목적인 행복추구에 가장 근접한 삶의 방식이다'라는 논리를 펼친다. 여기에 나온 내용으로 위에 언급한 세 가지 사고의 틀이 있는지 살펴보자.

첫째, 철학적 담론이 있는가? 베짱이의 행동은 자신의 행복추구라는 것이 첫 번째 이야기가 될 것이다. 모든 존재에는 '행복추구권'이라는 것이 있다는 사실이 철학적 담론인 것이다. 그렇다면 베짱이가 자신이 좋아하는 노래를 하는 것은 행복추구권에 해당한다고 말할 수 있고 우리는 '행복추구권'이란 용어를 배우며 철학적 소양을 얻게 된다.

둘째, 구조에 대한 관찰이 이루어지는가? 현대사회구조의 변화를 살펴보게 될 것이다. 먼저 산업구조의 변화를 살펴보게 될 것인데 1차와 2차 산업의 생산 위주 산업구조에서 3차 산업인 서비스산업으로 발전한 사실을 바탕으로 제4차 산업인 지식정보산업 발달이 도래했다는 흐름을 이야기할 것이다.

또한 직업군에 대하여 가수, 대중문화 공연 사업, 문화 콘텐츠 제작 사업, 음반유통 사업, 온라인 음악 채널 등 다양한 현대사회의 직업 형태가 변화된 사회구조 속에서 등장했음을 말할 것이다.

셋째, 본질에 관한 질문은 무엇일까? 직업의 본질적 의미에 관한 의견이 있을 수 있다. 직업이 단순히 생계 유지를 위한 것인가? 아니면 자아 성취라는 직업 안에 있는 것인가?

위에서 언급한 세 가지 질문이 디베이톨로지라는 학문적 접근 방식의 근간이라 할 수 있다. '독서디베이트'는 『개미와 베짱이』란 이솝우화 안에서도 엄청난 분량의 생각을 만들어 낸다. '독서디베이트' 안에 담긴 '세 가지 사고의 틀', 즉 디베이톨로지를 통해 차원이 다른 책 읽기를 만들어 낸다.

K-CEDA 디베이트는 아이들을 통합형 인재로 성장하게 한다

제3장

독서디베이트 연금술,
K-CEDA 디베이트 포맷

1. K-CEDA 디베이트는 연금술이다

'독서디베이트'는 엄정한 규칙과 형식에 따라 진행하는 교육 토론이다. '독서디베이트'의 규칙과 형식은 어떤 책을 그 안에 집어넣든지 책 속에 있는 내용을 다이아몬드 원석 다듬듯 세공하는 효과를 발휘하게 된다.

독서디베이트 코치 양성 과정에 있는 오헨리의 『20년 후』라는 단편 소설로 실습해 보자. 이때 논제는 '친구를 체포한 지미의 선택은 바람직하다'로 한다. 처음 독서디베이트를 하는 사람들은 찬성과 반대 입장에서 어떤 논리를 펼쳐야 할지 많은 고민을 하게 된다. 이 논제를 통해 보더라도 대부분의 토론자는 '친구의 우정을 소중히 여길 것인가, 직업 정신에 투철해야 하는가'로 쟁점을 형성시켜 토론을 전개해 나간다.

하지만 좀 더 깊이 있게 내용을 들여다보자. 논제 안에 담긴 본질적 질문을 곱씹어 보면 칸트의 윤리학이 배경지식으로 사용될 수 있음을 알게 된다. 즉 의무론적 윤리와 목적론적 윤리라고 하는 고전적인 철학의 딜레마를 가지고 토론자는 토론하게 되는 경험을 한다.

또 다른 작품으로 『완득이』라는 다문화 가정을 배경으로 한 성장소설을 살펴보자. '담임선생 동주의 교육 방식은 바람직하다'라는 논제를 가지고 디베이트를 한다. 일반 독서토론에서는 다문화 가족의 문제점과 어려움을 이야기하거나 의협심 많은 선생님의 활약을 소재로 한 소외 계층에 대한 관심이 토론 소재일 것이다. 하지만 독서디베이트는 책의 내용 안에서도 논제를 찾아낼 수 있기에 교육 철학을 끄집어낼 수 있다. '교육 방식'이란 단어로 논제에 표현했지만 실제로 방식 뒤에는 철학이 바탕에 깔려 있음을 알게 하는 논제이다.

따라서 담임선생 동주의 교육 철학을 유추해 본다면 무엇이라 정의할 수 있는지, 반면에 동주의 교육 철학을 유추한 반대 입장의 교육 철학은 무엇인지 알 수 있다. 여기서 교육은 '결과'를 중요시해야 하는지 '과정'을 중요시해야 할 것인지 생각할 수 있도록 철학적 담론을 끄집어낸다. 이처럼 세련되게 세공된 감추어진 교육철학 용어를 끄집어내는 것이 독서디베이트의 백미이다.

독서디베이트 교육과정에서 수강생들은 동주 선생을 사랑의 교사라 표현하거나 눈높이 교육이란 단어를 사용한다. 반면에 그 반대 입장은 품행이 바른 솔선수범형 교사가 바람직한 교사라는 표현을 하며 쟁점을 형성한다.

하지만 교육철학적 관점으로 보았을 때 동주 선생의 교육 방식이 '결과 중심'이란 평가를 받게 되고 그 반대의 의미는 '과정 중심의 교육'이 되어야 한다는 교육학적 이론을 갖고 디베이트를 하게 되는 것이다.

이러한 철학적 담론까지도 이끌어 내면서 사고력을 훈련시키는 것이 독서디베이트이며 그 과정이 디베이트 포맷 안에서 예리하게 다듬어지고 담금질되기에 K-CEDA DEBATE 포맷을 '독서디베이트 연금술'이라고 말하는 것이다.

2. 일반 토론과 교육 토론의 차이점

토론은 크게 두 가지 형태로 나눈다. 한 가지는 문제 해결을 위한 의사소통의 방법으로 사용하는 일반 토론이며 다른 하나는 의사소통 역량 및 다양한 개인 역량을 향상시키기 위해 교육용으로 사용하는 아카데미 토론으로 나눌 수 있다.

먼저 언급한 일반 토론은 기존에 '토론'이란 개념으로 사용했던 것을 의미하며 아카데미 토론이라 하는 것은 최근에 디베이트라는 용어로 사용하는 교육용 토론을 말한다.

교육 토론은 '아카데미 토론' 또는 '디베이트'라 불리기도 하는데, 찬반 입장이 분명하게 대립하는 주제를 사용하여 찬반으로 명확히 참여자를 가르고 순서와 발언 시간 등 토론의 진행과 규칙을 엄격히 적용하여 진행하는 지식 스포츠 게임이다. 이러한 방식의 교육용 토론 '디베이트'의 목적은 사고력과 표현력을 훈련하는 것에 있다.

따라서 토론자는 각 형식에 맞추어 주장을 명확히 내세워야 한다. 논리적이고 설득력 있는 근거를 제시할 수 있어야 하며 규칙과 형식에 맞추어 토론의 흐름을 잘 따라가야 한다. 또한 상대 팀의 발언을 경청하고 예의 바른 태도를 견지하는 것들이 주요 평가 대상이다.

이러한 형식과 내용의 디베이트 과정은 '지식 스포츠'라는 개념으로 성격을 규정하며 게임의 특징인 승패를 가르는 방법을 통해 토론 교육의 동기부여와 기량 향상에 중점을 두고 있다. 특히 승패를 가를 때는 기량의 우월성만을 평가하기보다는 스포츠 정신처럼 태도와 협동 정신 등의 요소까지 고려하여 평가한다.

이에 비해 '일반 토론'은 문제의 해결 방안 제시 또는 해결 방안 모색이라는 목적을 가지고 사회자의 진행에 따라 토론 주제의 이해 당사자들이 토론자들로 참가하여 토론하는 것을 말한다.

예를 들어 텔레비전에서 방영하는 〈100분 토론〉이 대표적인 모습이며 각종 단체 또는 기관에서 문제 해결을 위해 진행하는 모든 토론 행위들을 일반 토론으로 분류할 수 있다. 이때 사회자는 논의의 흐름을 잘 중재하고 토론이 원활하게 진행될 수 있도록 안내하는 중요한 역할을 담당한다.

교육 토론은 사회자가 없는 경우가 대부분이다. 사회자가 있더라도 정해진 규칙을 안내하고 할당된 발언 시간을 안내하는 정도다. 일반 토론의 경우에는 토론의 과정에서 자신의 입장을 바꾸어도 상관없다. 상대에 의해 설득당할 수도 있으며 새로운 차원의 입장을 제기하는 것도 무방하다.

반면 교육 토론은 토론 중간에 찬반의 입장이 바뀌어선 안 된다. 대개 토론 평가에 있어 참여 학생들은 토론 시작 전에 찬성과 반대 측을 정한다. 해당 주제에 대해 자신이 찬성 의견을 가지고 있다고 하더라도 반대 측으로 정해질 수도 있다. 이렇게 정해진 입장은 토론이 종료될 때까지 견지해야 한다.

정해진 입장에 맞춰 논리적으로 주장을 전개할 수 있는지, 상대가 제기한 논

점의 약점을 정확히 파악하여 논박할 수 있는지 등을 평가하는 것이 교육 토론의 목적이기 때문이다. 이러한 교육 토론의 규칙과 진행 과정은 참가 학생들에게 논리력, 의사소통 능력, 창의력, 문제 해결 등의 역량을 훈련시킨다.

3. 교육 토론, 디베이트의 다섯 가지 기본 과정

K-CEDA 디베이트 포맷

교육 토론에 있어 가장 기본적인 틀은 '입론, 반론, 교차 질문, 재반론, 최종 변론' 등 다섯 가지 발언 순서와 발언 방법이다. 여기에 정해진 시간의 규칙을 적용시켜 토론의 기량을 향상시키고 교육 효과를 얻게 하려는 것이 교육 토론이다.

교육 토론의 순서와 규칙은 '디베이트 포맷' 또는 '디베이트 형식'이다. 따라서 디베이트라는 용어를 사용하여 토론 교육을 할 때에는 반드시 이러한 진행 규칙을 갖고서 해야 한다.

위 도표에서 언급한 다섯 가지 기본 과정은 토론 교육에 있어 교육적 효과를 극대화시키기 위해 반드시 필요한 순서만을 정선하여 엮은 발언 규칙이다.

▶교육 토론 디베이트의 형식은 여러 가지이다

토론 방법을 바꾸기도 하는데 보통 의회 방식, CEDA 방식, 링컨-더글라스 방식, 칼 포퍼 방식, 모의재판 방식, 퍼블릭포럼 방식 등이 존재한다. 아마도 토론의 유형과 형식에 따라 모두 구분하면 수백 가지가 넘는 토론의 방식이 존재할 것이다.

이외에도 원탁 토론, 패널토론 등도 목적에 따라 구분해 보면 교육 토론에 해당한다고 말할 수 있다. 이렇게 다양한 교육 토론의 형식을 교육 현장에 접목시킬 때에는 교육 대상이나 교육 환경에 따라 순서의 변화를 가질 수도 있다. 예를 들어 어떤 때는 교차 질문을, 또는 재반론이나 최종 변론을 생략하는 경우도 있을 수 있다. 다만 각 순서가 갖는 발언의 방법을 바꾸어서는 안 된다. 즉 입론은 논리를 세우는 것이며 반론은 상대 팀의 주장에 반박의 논리를 펼치는 것이고 재반론은 한 번 더 반론을 펼치는 발언 방법을 말한다. 이렇게 다양한 토론 방식은 대개 이 과정을 어떻게 조합하는가에 따라 달라진다.

▶K-CEDA 방식 디베이트 포맷을 만든 이유

지난 수년간 한국디베이트코치협회를 통해 그동안 미국에서 대학생들을 중심으로 많이 사용한 CEDA(Cross Examination Debate Association) 방식 디베이트와 중고생들이 주로 사용하는 퍼블릭포럼(Public Forum Debate) 디베이트 등을 가지고 교육 현장에 접목시켜 보면서 국내의 토론 교육 현장에 커다란 문제점을 발견했다.

다름 아닌 문화적 배경에서 오는 토론의 기본 역량 차이다. 우리나라의 교육 환경과 문화적 배경은 자기의사를 표현하는데 익숙하지 않고 다른 사람의 의견에 비판적 사고를 발휘하거나 반론을 펼쳐 볼 기회가 많지 않았다. 이처럼 토론 문화가 정착되지 않은 우리나라에서 미국식이나 영국식 토론 방법을 그대로 도입해서 교육을 하게 되면 크게 두 가지 현상이 학생들에게 나타난다.

하나는 토론에 대하여 부담을 느끼고 아예 포기하는 아이들이 나타난다. 또 다른 하나는 교육 토론의 목적인 의사소통 능력이 길러지기보다 승패에 집착하고 경쟁심이 가득한 기능 위주의 토론의 전사가 만들어지는 현상이다.

영국이나 미국에서 도입된 토론 교육 방식은 나름 좋은 장점들을 갖고 있다. 하지만 이런 형식들은 이미 토론의 역량이 준비된 학생들에게 적합하다고 볼 수 있다. 이러한 교육 문화의 차이는 우리의 교육 환경과 아이들의 수준에 맞춘 새로운 디베이트 형식이 필요하다 생각되어 K-CEDA(Korea Cross Examination Debate Approach)라는 형식을 고안했다. 이는 누구든지 쉽게 접근할 수 있고 처음 디베이트를 접하는 아이들이 각 순서에 대해 정확하게 이해하고 훈련할 수 있도록 고안한 것이다.

교육 현장에서 보았을 때 언어 능력이 잘 훈련된 상위 20%의 아이들보다 나머지 80%의 아이들을 위해 고안해 낸 것으로 토론의 역량을 기를 수 있도록 포맷을 만든 것이다.

4. K-CEDA 디베이트, 순서 및 발언 방법

K-CEDA 방식은 교차 쟁점식 토론이라는 특징이 있다. 그 구성을 보면 입론과 반론이라는 전반전에 해당하는 순서와(각각 4분의 시간이 주어짐) 후반전에 해당하는 재반론과 최종 변론(각각 2분의 시간 배정)이 있다.

전반전과 후반전 중간에는 2분간의 작전타임(숙의 시간)과 4분간의 팀 전원이 참여하는 교차 질의 시간이 있다. 이러한 구조는 좀 더 역동적으로 전개되며 점층적이며 심도 있게 논리를 전개해 나갈 수 있도록 구성한 것이다. 디베이트를 처음 접하는 학생들도 쉽게 이해하고 접근할 수 있도록 점차 재미를 느끼게 만든 형식이다.

다양한 토론의 방식 중에는 마지막에 최종 발언을 두지 않기도 하고, 번갈아 가며 입론을 발표하고 교차 질문과 반론을 자유롭게 하는 경우도 있다. 때론 숙의 시간을 주거나 작전 회의 시간을 자유롭게 두는 경우도 있다.

그러면서도 현재 대한민국에서 진행되고 있는 대부분의 교육용 토론들은 입론과 반론, 교차 질의 재반론, 최종 변론의 방식을 갖고 있으며 순서 배정과 시간만 다를 뿐 이러한 방식을 가지고 토론을 진행하는 것이 교육적 효과를 극대화하기에 학생들은 토론의 전체 시간을 감안하여 각 단계별 특성에 맞춰 발언하도록 지도하고 있다.

토론의 다섯 가지 기본 과정에 어떤 내용을 담아 발언해야 하는 것인지 구체적으로 살펴보면 다음과 같다.

📖 입론

입론은 주어진 주제에 대한 자기 측의 입장을 담은 주장을 펼치는 과정이다. 먼저 주제에 대한 상황 또는 역사적·사회적 배경에 대한 설명으로 시작하는 것이 좋다.

지금 논하고 있는 주제가 토론을 통해 문제를 해결해야 할 정도로 심각한 문제를 낳고 있으며, 이 사안이 충분히 중요하다는 점을 강조하기 위함이다. 문제를 그대로 방치하면 심각한 폐해를 낳는다는 점을 근거를 들어 강조하는 것도 좋다.

예를 들어 '군 가산점를 부활시켜야 한다'라는 입장을 펼치려면 위헌판결을 받은 당시와 비교해 지금이 남녀평등의 사회적 실현의 측면에서 많이 변한 상황이라는 점, 청년 실업이 심각한 상황에서 군대를 다녀온 남성의 피해가 심각하다는 점 등을 강조하는 식이다.

하지만 독서디베이트에서 논의 배경은 우선 책의 줄거리를 소개한 후, 왜 이런 논제가 나오게 되었는지 사회적, 역사적 시각에서 바라보는 관점으로 논의되어야 한다.

▶핵심 용어의 개념을 명확히 정의하는 것이 필요하다

토론의 과정에서 제대로 공방이 벌어지지 못하는 이유 중 상당수는 서로 자

신들이 생각하는 개념 정의가 다르기 때문이다. 핵심 용어의 개념을 정의하는 것은 결국 제기할 주장과 논점을 뒷받침하기 위함이다.

예를 들어 스크린쿼터라는 용어와 한국 영화 의무 상영제라는 용어는 다소 다른 측면이 있는데, 이처럼 어떤 용어를 사용할 것인지도 중요하다.

▶입론의 핵심은 이후 토론의 방향을 가늠하는 주장에 있다

입론에서 주장을 논점이라 부른다. 논점을 지나치게 많은 나열식으로 제시하는 것은 좋지 않다. 주어진 주제에 대해 첨예하게 대립할 지점을 주요 논점으로 삼아 3~4개 정도로 압축하여 발언하는 것이 이상적이다. 단, 입론에서 제기한 논점 외에 토론 도중에 새로운 논점을 제기하거나 상대편이 입론에서 제기하지 않은 논점을 반박하는 것은 피해야 한다.

주장을 발언할 때는 선언하는 식으로 제기해선 곤란하다. 주장을 뒷받침해 주는 충분한 근거와 사례, 증거 등을 제시해 타당성을 입증해야 한다. 또한 대안을 제시할 필요가 있을 때에는 그 대안의 이익과 부작용 등을 점검해 이익이 더 큼을 확인시켜 주는 과정이 필요하다. 대안을 제시할 경우 반드시 그 방안의 도입이 주는 기대 효과를 언급하는 것이 좋다. K-CEDA 디베이트는 찬성 측이 먼저 입론을 제기하고 반대 측은 나중에 제기한다. 반대 측의 경우도 사회적 배경과 철학적 근거 등을 설명해야 하며 용어를 재정의하는 것도 필요하다.

반대 팀의 주요 논점으론 제기한 문제의 심각성이 크지 않다는 점, 자연스럽게 문제가 해소될 수 있다는 식의 논점 제기, 찬성 측이 제기한 대안의 실현 가능성·해결 가능성이 부족하다는 점, 부작용이 더 클 수밖에 없다는 점 등을 제기할 수 있다. 대안으론 현 상태를 유지하되 부분 개선하는 방법을 제기할 수 있으며 때에 따라 대체 방안을 제시하는 것도 가능하다.

📖 반론

반론의 시간은 토론의 핵심이다. 서로 다른 입장을 확인한 뒤 본격적으로 대립적인 의견을 논하는 시간이다. 상대 주장과 논거가 지닌 허점이나 부족한 부분을 지적하고 오류를 밝혀야 하며 자신의 주장이 왜 타당한지를 입증해야 한다. 그런데 모든 쟁점을 다 논할 필요는 없다. 무엇이 유리한 쟁점인지, 불리한 쟁점인지를 따져 유리한 전략을 구사해야 한다. 기본적으로 상대방이 자신의 논리적 약점을 정확히 지적했다면 이를 인정하고 유연하게 받아들일 필요가 있다. 자신의 주장을 견지한 가운데 상대의 지적을 감안해 보다 나은 대안을 제기하는 순발력을 발휘한다면 좋은 평가를 받을 수 있다.

상대의 주장에 대해 논박하기 위해서는 우선 상대가 제기한 논점이 논제의 범주에서 벗어난 것은 아닌지 검토해 보는 것이 좋다. 간혹 여러 사회문제의 연관성을 들어 주장을 제기하는 경우가 있다. 사교육 문제를 토론하는 과정에서 사교육 문제를 해결해야 부동산 폭등 문제를 해결할 수 있다는 식이다. 이런 주장은 사교육이라는 범주를 벗어난 논점에 해당한다. 이처럼 논점을 기본적으로 잘못 잡은 경우 이를 바로잡아 시정해 주는 것이 필요하다.

상대편이 제기한 여러 논거와 근거의 타당성을 검토하는 것도 좋은 방법이다. 제기한 근거가 주장을 확실히 뒷받침하고 있는지, 자료가 타당하고 신뢰할 만한 것인지, 최근의 자료를 활용하고 있는지 등을 엄밀히 따져 상대가 제기한

자료와 근거를 신뢰하기 힘들다는 논박을 펼쳐야 한다. 때론 상대가 제기한 자료의 허점을 노려 자신의 주장을 보강하는 자료로 재활용하는 것도 가능하니 이러한 가능성도 충분히 검토해야 한다.

반론의 시간은 단순히 상대를 공략하는 시간만이 아니다. 자신이 펼친 주장의 타당성을 함께 입증해야 한다. 단, 반론의 시간은 입론에서 펼친 주장의 반복이어선 곤란하다. 상대가 제기한 근거보다 자신이 제기한 근거가 보다 타당하다는 점을 제시해 신뢰를 높여야 한다. 입론에서 제기하지 않은 논점을 들어 반론하는 것도 피해야 한다.

이때 반론에 임하는 자세는 공격적이기보다는 상호 협력적 마음가짐을 갖는 것이 필수 조건이다. 즉 상대편이 우리 측 주장에 대한 반론을 제기할 때는 우리 측 지식의 한계점을 지적해 주는 것임으로 고마운 마음으로 받아들이고 더 나은 준비를 해야겠다는 마음가짐을 가져야 한다는 것이다. 아울러 상대 팀을 공격할 때에는 상대의 발언을 인정하되 상대의 부족한 부분을 지적함으로 더 나은 논리를 가지고 나와 달라는 부탁의 마음을 전달할 수 있어야 한다.

교차 질의

교차 질의는 확인 질문, 혹은 상호 질문이라 부르기도 하는데 상대방의 발언, 입론과 반론 등의 주요 내용에 대해 질문하고 답변을 받는 과정이다. 흔히 반론에 비해 교차 질의 단계를 중요하지 않게 여기는 경우가 많은데, 이는 오산이다.

교차 질의는 쟁점의 방향을 제시하고 설정하는 기능을 하며 상대편의 논점이나 논거의 허점을 찾아 예리한 질문을 함으로써 이후 토론의 주도권을 장악하기에 좋은 시간이다. 질문을 받은 측은 이에 대해 답을 해야 하는데 예리한 질문에 상대방이 머뭇거린다면 효과가 크다고 볼 수 있다.

교차 질의를 수준 높게 전개하기 위해서는 상대가 펼친 주장을 잘 들어야 한다. 흔히 토론의 과정에서 자기주장에만 신경을 쓰고 상대의 주장에 귀를 기울이지 않는 경우가 많은데 이런 경우 상대의 허점을 정확히 짚을 수 없다.

유의할 점 중의 하나는 상대편이 발언한 내용에 관해서만 질문해야 한다는 것이다. 관련된 주제라 하여 상대가 발언하지 않은 내용을 질문하는 것은 규칙에 어긋난다. 가급적 상대의 발언에서 허점을 찾아 상대로부터 중요한 정보를 이끌어내며 이후 반론을 위한 발판을 마련하는 데 활용해야 한다.

상대의 발언 내용에 따라 주장을 뒷받침하는 논거의 타당성에 대해 질문하는 것도 좋은 방법이다. 상대편이 각종 사례나 통계 자료, 인용 등의 출처를 정확히 밝히지 않은 경우 이를 되물을 수도 있고, 자의적으로 해석하거나 확대 해석한 부분을 따지는 것도 좋다.

교차 질문의 시간 역시 많지 않다. 그런 만큼 상대편이 제기한 주장을 확인하는 차원의 질문은 피해야 한다. '~하게 주장한 것이 맞습니까?'와 같은 질문은 굳이 필요 없다. 또한 상대편의 답변이 길어질 수밖에 없는 질문도 피하는 것이 좋다. 상대편의 답변이 길어지면 그만큼 내가 질문할 시간이 줄어들기 때문이다.

질문은 단계별로 체계를 가지고 접근하되 가급적 짧게 답변할 수 있는 식으로 구성하는 것이 좋다. '어떻게 생각하십니까?'와 같은 개방형 질문은 답변 시간이 길어질 수 있으니 삼가는 것이 좋다. 그렇다고 일방적으로 '예, 아니오'라

는 대답만 강요하는 질문만으로 나열하는 것 역시 피해야 한다.

단계에 따라 체계적인 질문을 해야 한다는 것은 질문 전체가 하나의 결론에 도달할 수 있도록 해야 한다는 의미다. 예를 들어 첫 번째 질문은 자료, 근거 등의 사실 확인, 두 번째 질문은 핵심 쟁점에 대한 논리적 취약성을 드러내는 질문, 질문의 마지막 부분에서는 단계적으로 접근할 질문이 상대가 펼친 논점의 약점을 확인시켜 주는 것으로 마무리하는 것이 좋다. '그렇다면, ~한 주장은 이런 식으로 이해하는 것이 맞습니까?'와 같은 식의 마무리다.

교차 질의 과정에서 감정을 표출하는 실수를 저지르는 경우가 많다. 질문이 날카로워야 한다는 것은 내용상의 날카로움이지 상대에게 강요하거나 공격적인 태도의 발언을 해야 한다는 말이 아니다. 가급적 예의 있는 태도를 유지해야 하며 순발력을 발휘해 핵심을 찌르는 질문을 찾아 유리한 방향으로 답변을 유도해야 한다.

교차 질의 시간에는 상대편의 질문에 답변해야 하는 측이 있는데, 답변 역시 성실한 태도로 해야 한다. 답변을 회피하거나 질문의 의도를 애써 피해 추상적인 답변을 하는 것은 평가에 있어 감점 대상이다.

또한 자기 측의 다른 토론자가 제기한 논점을 부정하거나 상호 일치하지 않는 답변을 하는 것도 유의해야 한다. 지나치게 방어하려는 태도를 피하며 성실히 답변하되 때론 역질문을 통해 상대의 잘못된 이해를 바로잡아 주는 것이 필요하다.

재반론

재반론은 입론과 반론 교차 질의 단계를 통해 나름의 논리를 전개해 왔지만 충분히 서로의 주장을 검증할 만한 시간적 여유가 없기에 미처 대처하지 못한 채 상대의 공격을 당하고 끝난 내용들이 있을 수 있다. 이를 위해 한 번 더 반론할 수 있는 기회를 갖게 하는 것이 재반론이다.

재반론의 방법에는 두 가지를 사용한다. 첫째는 '반론 꺾기식 재반론'이다.

이는 초등학생 중심으로 쉽게 할 수 있는 방법으로 상대 팀이 우리의 입론 내용을 가지고 반론한 것에 대해 또 한 번의 반론을 하는 것이다. 그렇다고 말꼬리 잡는 식의 반박을 말하는 것은 아니다.

예를 들어 우리 팀이 토끼와 거북이를 가지고 '토끼와 거북이의 달리기 경주는 정당하다.'라는 논제를 찬성 입장에서 주장했을 때 반대편이 태생적인 조건의 차이를 내걸어 불공정을 지적하며 정당하지 않다고 반박했다고 하자.

이때는 '물론 태생적 조건의 차이는 인정합니다. 하지만 그런 차이를 감안했다면 거북이가 그러한 이유를 들어 달리기 시합을 거절했어야 합니다. 그러나 이미 수락했는데 그것은 태생적 조건의 차이가 문제되지 않는다는 거북이의 판단이었다고 봅니다. 따라서 당연히 이 경기는 정당하다고 주장합니다.'라는 방식으로 하는 재반론이다.

여기에서 중요한 것은 '물론'이란 단어의 개념을 사용하는 것이다. 즉 상대의 반박을 부분적으로 인정하되 그것을 뛰어넘는 또 한 번의 반박을 하는 것이 '반론 꺾기식 재반론'인 것이다.

둘째는 쟁점식 재반론이다. 여기에서는 이전 논의 과정이었던 입론과 반론 교차 질의에 나온 내용에 대해 상대 팀과 우리 팀의 순서로 양쪽 팀의 입장을 요약정리한다.

그 분량은 약 30초 정도로서 토론장에 늦게 도착하여 입론과 반론 단계를 듣지 못한 청중이라도 지금까지의 논의 과정을 한눈에 알아들을 수 있게 요약해 주는 것이다.

이러한 요약 내용을 비교 분석하면 바로 양 팀의 시각 차이가 드러나는 쟁점을 찾아낼 수 있다. 재반론 자는 이러한 쟁점을 찾아내어 상대 팀을 공격하는 것으로서 쟁점을 중심으로 상대 팀 주장의 취약성을 지적하는 순서이다.

반면에 쟁점에 비추어 자기 팀의 논리의 우월성을 부각시켜야 하는데 그러기 위해서는 이미 토론에 임하기 전 논제 분석을 통해 기본적인 쟁점은 파악하고 있어야 한다. 다만 토론의 현장성이란 특징을 감안해 그때에 나오는 양측의 발언 방향을 참고하여 정리된 쟁점을 부각시키는 것이 재반론의 묘미인 것이다. 특히 이때에는 상대 팀이 반론이나 교차 질의 과정에서 우리 팀의 공격에 제대로 반박하지 못한 것이 있다면 이를 부각시키는 것도 좋은 전략이 될 수 있다.

예컨대 "오늘 토론에서 이러저러한 점은 중요한 논점입니다. 그럼에도 반대 팀에서 이에 대해 한 번도 자신들의 주장을 펼치지 못했습니다."라고 말하는 것이다. 그러나 한 가지 유념해야 하는 것은 재반론에서는 입론에서부터 교차 질의까지 나오지 않았던 새로운 논쟁거리를 제시하는 것은 금기 사항이다.

최종 변론

최종 변론 시간은 자신이 제기한 논점을 명확히 정리하고 반박의 핵심을 들어 자기 팀의 전체 입장을 요약정리하되 선명하게 주장을 각인시키는 시간이다.

토론의 형식 중에 최종 발언 단계가 없는 경우도 있다. 하지만 최종 발언 시간이 주어진다면 이 시간은 최종 발언에 충실하게 이행해야 한다. 간혹 반론 시간에 미처 하지 못한 반박을 최종 발언 시간의 상당 부분을 할애해 전개하는 경우가 있는데 이는 적절치 않다. 꼭 필요한 반박이 있다면 양해를 구하고 짧게 정리한 뒤 최종 발언에 들어가야 한다.

최종 변론의 과정에선 토론 주제에 대한 자기 팀의 입장과 논점을 간략히 정리한 뒤, 이러한 입장에 대한 상대편의 반론을 정리하고 이에 대한 입장을 밝혀야 한다. 그 방법으로는 토론의 내용이나 주장을 함축하여 보여 줄 수 있는 사례나 일화 등을 소개하며 이야기 요법과 감성 언어를 통해 설득력을 높이는 것도 좋은 방법이다. 그 결과는 상대의 반론에도 불구하고 타당함을 입증하는 강력한 마지막 변론인 것이다. 즉 최종 변론에서는 법정에서 변호인이 피의자의 죄를 줄이기 위해 재판관을 설득하는 것처럼 자기 팀의 논리의 타당성을 감성 언어를 통해 심사 위원을 설득하는 것이 목적이다.

수업 시간에 사용하는 K-CEDA 포맷

① 찬성 측 첫 번째 토론자의 입론-4분

준비 시간:30초

② 반대 측 두 번째 토론자의 반론-4분
③ 반대 측 첫 번째 토론자의 입론-4분

준비 시간:30초

④ 찬성 측 두 번째 토론자의 반론-4분
⑤ 전체 숙의 시간-2분
⑥ 전체 교차 질의-4분

준비 시간:30초

⑦ 반대 측 세 번째 토론자의 재반론-2분

준비 시간:30초

⑧ 찬성 측 세 번째 토론자의 재반론-2분
⑨ 반대 측 네 번째 토론자 최종 변론-2분
⑩ 찬성 측 네 번째 토론자 최종 변론-2분

디베이트가 익숙하지 않은 학생들에게 토론 역량을 강화하기 위한 K-CEDA 응용 방법이다.

▶토론 순서의 용어 및 방법 요약 설명

논제:초등학교에서의 한자 교육은 필요하다

용어	의미	예시
입론	자기주장을 세움	초등학교에서의 한자 교육은 필요하다고 생각합니다. 그 이유로 첫째, 동음이의어를 이해하는데 도움이 되기 때문입니다.
반박	다른 사람의 주장에 비판하는 것으로 그 자체가 주장이 될 수 없음	동음이의어를 이해하는데 도움이 된다고 했으나 문맥을 살펴보면 한자를 몰라도 그 뜻을 알 수 있습니다.
반론	다른 사람의 주장에 반대하는 새로운 주장을 제시하는 것	초등학교에서의 한자 교육은 학생들에게 과중한 학습 부담이 됨으로 필요하지 않다고 생각합니다.
숙의 시간	같은 팀끼리 다음 단계의 토론을 준비하는 토의 과정 (작전타임)	
교차 질의	상대방의 입장에서 질문을 던지는 것이다. 상대방 입장을 정확히 이해하여 상대방 논리의 허점을 부각시키는데 사용한다. 반대로 이에 대해 대답하는 과정에서 자신의 입장을 적절하게 옹호해야 한다.	
재반론 (반론 꺾기)	내 주장에 대해 다른 사람이 내세운 반론에 대하여 다시 한 번 반론을 제기하는 것	물론 초등학생에게 과중한 학습 부담은 당연히 주지 말아야 합니다. 그러나 그것보다도 더 중요한 교육적 목표와 가치가 있습니다. 교과서 언어의 대부분이 한자어로 되어 있어 한자어 어휘력이 높을수록 우리말 낱말을 정확히 이해할 수 있다는 것입니다.

재반론 (쟁점식)	입론과 반론 과정에 나온 모든 내용 가운데 상대 팀의 약점을 지적하고 자기 팀의 강점을 부각시키는 논리를 세우기	상대편에서는 학생들의 과중한 학습 부담을 이유로 한자 교육을 반대하고 있습니다. 그러나 저희 측에서는 동음이의어를 사용해 한자를 제대로 배운 덕에 이해력이 높아져 학업성적이 올라가게 된다는 주장을 했습니다. 여기서 부딪치는 쟁점은 학습에 대한 스트레스와 학업 성취 향상이라고 할 수 있습니다.
최종 변론	입론과 반론에서 한 주장을 중심으로 최종적인 주장	초등학교에서의 한자 교육은 필요합니다. 한자를 알면 동음이의어를 이해하는 데 도움이 됩니다. 동음이의어는 어휘력이 향상되기 때문에 학습에 도움이 됩니다. 학교 수업 시간에 폐지되었던 한문 시간이 다시 부활한 것도 한자의 중요성을 느꼈기 때문이라고 생각합니다. 그 예로 자녀들에게 한자 급수 시험을 보게 한다든지 대입 입시에서 일정 급수 이상을 취득하면 가산점을 부여하는 대학이 있는 것을 보면 알 수 있습니다. 학습은 어릴 때부터의 습관이 중요하기 때문에 초등학교에서의 한자 교육은 필요하다고 생각합니다.

5. K-CEDA 디베이트 형식이 주는 교육 효과

1) 통찰력, 논리적 사고 구조, 자세한 책 읽기를 훈련하는 입론

 입론

논리 세우기 논제−논의 배경−용어 정의−논점, 논거−예외에 대한 언급과 자기 팀의 입장 정리
효과 논리적 의사 표현, 관점의 다양성, 사고의 개방성

디베이트는 입론이 잘 세워져야 다음 순서도 순조롭게 풀어 나갈 수 있다. 옷 입을 때 첫 단추를 잘 꿰어야 바르게 옷을 입을 수 있는 것처럼 입론에서는 논제에 대한 자기 팀의 입장을 논리적으로 잘 세워 정확하게 전달해야 상대방도 이에 대한 명확한 반대 의견을 펼쳐 나갈 수 있다. 그러므로 상호간에 좋은 토론을 경험할 수 있다.

좋은 입론을 만들기 위해서는 책 내용 전체를 한눈으로 보고 저자의 의도를 엿볼 수 있는 통찰력을 가져야 한다. 또한 논의 배경, 용어 정의, 논점과 논거라는 순서로 발언을 준비하면 의사 전달 체계에 틀이 세워지게 된다.

뿐만 아니라 이 틀에 맞는 내용을 채우기 위해서는 책 안에서 근거를 찾는 작업이 이루어져야 하는데 이때에 책벌레가 책을 갉아먹듯 자세한 책 읽기가 이루어지는 것이 입론에서 얻는 교육 효과이다.

2) 비판적 읽기, 맥락적 읽기를 훈련하는 반론

 반론

상대편 주장의 오류와 논거의 부실을 지적
상대 측 근거 자료의 타당성과 신뢰성 분석, 비판
효과 논리적 의사 표현, 관점의 다양성, 사고의 개방성

책 읽기에서 매우 중요한 요소 중 하나가 비판적 읽기이다. 독서디베이트에서 반론을 하기 위해서는 상대 팀의 주장에 대한 근거를 책에서 미리 찾아보고 그 내용에 대한 비판적 읽기가 이루어져야 한다.

저자는 왜 그런 표현을 사용했으며 당시의 상황은 어떠하며 그것 외에 다른 대안은 없었는지를 살펴보는 책 읽기가 비판적 읽기이다. 그러면서 책 전체 맥

락에서 내용이 갖는 의미는 무엇인지 살펴보아야 하며 이렇게 정리된 내용으로 찬반을 나누어 주제에 대한 입장 토론을 전개해 나가는 것이다.

보통 일반 독서토론에서는 비판적 읽기가 가장 취약한 부분이다. 평상시 자신의 생각과 일치하는지 배치되는지 정도를 파악하고 그것에 대한 개인의 의견을 첨가하는 정도가 독서토론의 한계인 것이다. 하지만 디베이트를 하기 위한 책 읽기는 차원이 다른 깊이의 책 읽기를 해야 한다.

3) 작가의 생각과 논제의 의미를 파악하게 하는 교차 질의

 숙의 시간 공동체 정신, 협동 정신

질문을 통하여 상대 팀의 논리적 오류를 지적
토론자 전원 참여, 반대 측부터 질문, 간략한 질문, 답변(30초 내)
효과 팀워크, 핵심 파악 능력, 순발력, 리서치 능력

교차 질의는 입론과 반론 등의 주요 내용에 대해 질문하고 답변을 받는 과정이다. 이는 쟁점의 방향을 제시하고 설정하는 기능을 담당하며 상대편의 논점이나 논거의 허점을 찾아 예리한 질문을 통해 토론의 주도권을 장악해야 하는 부담이 있는 순서이다.

교차 질의를 잘하려면 반드시 작가의 의도를 정확하게 파악하고 있어야 하며 논제에 담긴 의미와 중심을 잘 잡고 있어야 한다.

또한 수준 높은 교차 질의의 전개를 위해서는 상대가 펼친 주장이 얼마나 책의 내용에서 벗어났는지, 작가의 의도를 파악하지 못하거나 잘못 분석하고 있

는지 잘 지적해야 한다. 이렇게 내용 전체를 파악하면서도 자신의 입장에서 상대의 발언과 우리 측의 발언 내용을 비교한다는 것은 책 내용에 대하여 완벽하게 소화하고 있어야만 가능한 일이다.

4) 책 속의 핵심 내용을 찾는 쟁점식 재반론

재
반론

상대 팀의 입론, 반론, 교차 질의 내용 요약
쟁점 형성, 함의 찾기, 공격 및 방어
효과 요약과 정리, 협상의 능력, 프레젠테이션 역량

책 읽기에서 가장 필요한 역량은 요약하기이다. 이러한 요약 훈련은 학습활동이나 생활 속에서도 그 역량이 그대로 발휘될 수 있는 기능이다.

재반론에서는 요약과 양측 내용의 비교 분석과 쟁점 찾기가 핵심 사안이다. 이러한 기능은 책 속에 담긴 내용을 요약, 분석, 핵심 찾기라는 책 읽기의 기본기를 훈련하는 과정인 것이다.

5) 작가와 대등한 입장에서 또 다른 작품 세계를 펼치는 최종 변론

최종
변론

심판의 지지 얻기
이야기 요법을 통한 감성 언어를 적절히 사용
효과 설득력, 스토리텔링, 철학적 관점

최종 변론은 상대의 반론에도 불구하고 자신의 팀이 주장하는 주장의 타당성을 입증되는 강력한 마지막 변론이다. 이는 작가의 의도와 같은 맥락이든지 아니면 반대편에서 이야기를 전개해 나가든지 토론 주제에 대한 자기 팀의 입장을 명확하게 펼치는 과정이다.

특히 토론의 내용이나 주장을 함축하여 보여 줄 수 있는 사례나 일화를 끌어와 사용하는 이야기 요법은 결국 저자가 써 놓은 이야기를 바탕으로 자신의 작품 세계를 덧입혀 가는 시간이다. 또 하나의 창의력이 발휘되면서 보다 깊은 작품의 세계를 경험하거나 청중에게 소개하는 시간으로 활용된다.

독서디베이트는 책의 핵심을 찾아 분석적으로 읽게 한다

제4장

독서디베이트의 실제

1. 책이 물고기라면, 디베이트는 낚시법이다

투비아 이스라엘리 / 前주한 이스라엘 대사

아무리 물고기가 많아도 낚시법에 서툴면 물고기를 잡을 수 없고 물고기가 없는 곳에서는 아무리 오랫동안 낚싯대를 드리워도 한 마리도 건질 수 없다. 즉 독서량이 많아도 의사 표현을 하지 못하면 안 되고, 말을 잘해도 그 내용에 핵심이 없으면 안 된다는 말이다.

세상을 사는 것은 어부가 낚시질을 하는 것과 동일한 이치를 갖고 있다. 세상에 널린 지혜와 지식으로 자신에게 필요한 것들을 건져 올려야 한다. 여기에서 말하는 지식과 지혜는 모두 책에 담겨 있다고 해도 과언이 아니다. 지식과 지혜는 경험을 통해 얻을 수 있다. 하지만 시간과 공간의 한계가 있기에 이를 뛰어넘어 지식과 지혜를 얻을 수 있는 것이 바로 '독서'이다. 따라서 책을 많이 읽는다는 것은 물고기가 많은 강가에서 낚시를 한다는 것이고, 그 물고기를 식탁에 오르게 하여 메뉴가 풍성해지도록 하는 것은 생각하는 능력을 기르는 것이다.

'독서'와 '디베이트(토론 교육)' 이 두 가지는 물고기와 낚시법의 관계이며 이 두 가지를 융합한 교육 방법이 '독서디베이트'이다. 책을 아무리 많이 읽어도 내용이 무엇인지 모르는 아이들, 말은 잘해도 배경지식이 없는 아이들 모두 반드시 해야 할 훈련이다.

아이들에게 책 읽기가 '습관'이 되게 하려면 책을 읽고 생각하는 것이 고역이 아닌 게임과 같은 즐거움이 되어야 한다. 아이들이 책을 통해 게임과 같은 즐거움을 느끼고 생각할 수 있게 하려면 책 읽는 방법이 달라져야 하는데 여기에서 소개하고자 하는 '독서디베이트'가 우리 아이들을 차원이 다른 책 읽기 방법으로 안내할 것이다.

특히 책을 재미있게 읽게 하는 독서 수업을 위해 RND방식(Reading & Research, Discussion & Debate)을 소개하고자 한다. 이는 지난 수년간 교육 현장에서 적용해 온 것으로서 검증된 독서 지도 방법이며 아이들에게 적극적이며 역동성 있는 책 읽기 습관을 자연스럽게 갖게 할 것이다.

아이들이 책을 읽고 생각한 후, 자신의 생각을 논리적으로 말하며(토론), 글을 쓴다는 것은 자신의 미래를 능동적으로 열어 나갈 것이며 '가치 있는 삶'이란 질문 앞에 자신의 마음을 열어 놓게 될 것이다. 이는 자신과 국가, 지구 공동체의 미래를 위해 최고의 삶을 살려는 노력을 낳게 될 것이기에 부모와 교사는 반드시 책 읽기와 토론 교육이 아이의 미래를 좌우한다는 사실을 체험적으로 얻어야 한다.

2. 책 속의 다이아몬드, 논제 찾기

토론에서 가장 중요한 것은 논제이다. 일반 토론에서도 논제가 정확해야 나타난 문제에 대해 정확히 진단하고 가장 바람직한 해법을 찾을 수 있다. 특히 디베이트에서는 어떤 논제를 제시하는가에 따라 학생들의 사고력과 배경지식 또는 관련 지식의 범위와 깊이가 달라진다. 이런 이유로 독서디베이트에서도 책에서 어떤 논제를 찾아내는가에 따라 독후 활동에 대한 결과가 크게 달라진다.

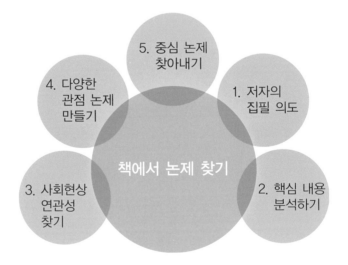

1. 책에서 논제 찾는 방법

독서디베이트를 위해 책을 읽고 나서도 무엇에 대해 토론을 해야 할지 모르는 경우가 있다. 또한 토론할 가치조차 없는 지엽적이고 기초적인 논제들을 선정하여 발전적인 독서디베이트의 결과를 얻지 못하고 언어유희로 끝나는 경우도 많다.

이는 성인뿐 아니라 학생과 아동들의 독서 교육 현장에서도 나타난다. 특히 아동들의 독서 지도에서는 그 결과가 가져다 주는 문제가 매우 심각하다. 이유는 지도교사들이 토론에 대한 전반적인 이해가 부족하다보니 책에서 토론 논제 찾는 것에 대해 자신감 또는 확신이 없기 때문이다.

독서디베이트에서 가장 중요한 것은 책에서 논제 찾기이다. 많은 독서토론 지도교사들이 논제 찾는 것에 어려움과 애로 사항을 토로하기에 여기에서 '논제 찾기'에 대해 자세히 설명하려고 한다.

책에서 논제를 찾기 위해서는 다음 다섯 가지 절차를 밟는 것이 바람직하다.

가. 1단계 : 저자의 집필 의도(책의 배경)를 파악한다

1) 책의 출판 배경, 즉 그 책이 나오기까지의 여러 가지 전후 상황을 파악한다.
2) 저자가 갖고 있는 문제의식 및 주제에 대한 접근 태도와 해결 방식의 장단점을 파악한다.
3) 관련 내용의 사회적 의미를 파악한다.
4) 중요 개념들에 대한 정의 등을 파악한다.

특히 아동을 위한 독서 지도에서는 책에 대한 분석의 몫이 교사의 역량에 있

다는 것을 알아야 한다. 따라서 교사는 도서의 선정에 있어서 가르치고자 하는 주제에 대해 꼼꼼히 생각하고 자세한 조사를 거쳐 선정하는 것이 바람직하다.

나. 2단계 : 핵심 내용 분석하기

논제를 찾기 위해서는 책 속에 숨어 있는 핵심 내용을 정확하게 분석해야 한다. 독서디베이트에서는 책 속에서 찾을 수 있는 논제를 크게 두 가지로 본다. 하나는 저자의 집필 의도에 대하여 반대의 시각으로 바라보는 논제와 다른 하나는 책 속에서 다루어진 내용 중에 가장 중심이 되는 내용으로 찬반 시각을 갖도록 하는 논제이다. 이러한 논제를 찾아낸다는 것은 우선 책 속에 담겨 있는 핵심 내용을 정확하게 분석하고 집어낼 수 있어야 가능한 일이다.

『마당을 나온 암탉』에서 핵심 내용 분석하기

초등학생 필독서『마당을 나온 암탉』은 양계장을 나와 알을 품어 병아리를 꼭 탄생시키겠다는 소망을 가진 암탉 '잎싹'의 이야기이다. 삶과 죽음, 소망과 자유 등의 심오한 주제가 담긴 동화이다. 특히 꿈을 간직한 삶의 아름다움과 당당함 그리고 지극한 모성애의 승화 과정이 독자의 가슴을 뭉클하게 한다.
이렇듯 책 안에는 삶의 애착, 꿈과 자유, 모성애 등의 묵직한 주제어들을 내포하고 있다. 그렇다면 정작 '작가가 말하려는 핵심적인 내용은 무엇일까?'를 고민하며 찾기 시작하는 것이 책에서 논제를 찾아내는 출발점이다. 독서 감상의 포인트를 찾는 것과 같은 종류의 작업이다.

『마당을 나온 암탉』은 주인공 잎싹이 소망을 굳게 간직하고 자기 삶의 주인으로 꿋꿋하게 살아가는 모습이 가장 먼저 나타난다. 두 번째로는 독특하고 개성적인 등장인물의 다양한 삶을 통해 잎싹과 다른 동물들 간에 삶의 질을 비교한다. 결국 작가는 독자에게 '나는 누구이며, 어떻게 살아야 하는가?'에 대한 철학적 질문을 던지며 자신을 돌아보게 한다.

독서디베이트 과정 중 가장 첫 번째로 해야 할 일은 먼저 책을 자세히 깊이 읽고 내용의 흐름을 파악하고 분석하는 것이다.

다. 3단계 : 저자의 논증 방법과 사회현상 연관성 찾기

앞에서는 저자가 주장하는 바가 무엇인지를 찾는 작업을 했다. 그 다음 단계로는 저자가 주장하는 그 주장에 대한 논거(논리적 근거)를 책 안에서 찾는 작업을 해야 한다.

보통 작가들의 논증 방법은 다음 세 단계를 걸쳐 이루어진다. 이 중에 두 번째까지는 집필 의도 찾기와 핵심 내용 분석하기에서 이루어져야 한다. 이제 남은 한 가지는 저자가 자신의 질문에 대답하는 내용을 책 속에 숨겨 놓았는데 그것을 찾는 작업이다.

첫째, 저자가 밝힌 핵심 질문(책을 쓰게 된 동기나 목적)을 찾는다.

둘째, 핵심 질문에 대해 저자가 제시한 답(주장)을 찾는다.

셋째, 저자가 그렇게 답한 이유(논거)가 무엇인지 찾는다.

이러한 논증 과정을 통해 작가는 자신의 의견을 제시한다. 여기에서 한 가지 참고해야 할 사항은 보통 책의 머리말에 저자가 책을 쓰게 된 동기나 목적을

밝히고 있다는 것이다. 따라서 책의 머리말을 꼼꼼히 읽고 다음 사항으로 넘어가야 한다.

문학 작품은 사실이 아닌 이야기 구조로 상상력이 동원된다. 이 동원된 상상력은 작가가 말하려는 의견을 뒷받침할 근거로 쓰인다. 이 독서토론에서는 자신이 읽은 내용을 가지고 느낀 바를 이야기하고 스토리의 재구성을 이루기에 문제될 것이 없다.

그러나 '독서디베이트'는 토론 중심의 책 읽기이다. 따라서 토론의 생명인 사실 근거를 바탕으로 논증을 해야 한다. 즉 책의 내용과 관련된 사회문제를 끌어와서 토론하는 것이 독서디베이트의 특징이다.

〈문학 작품의 경우〉

① 상징적 언어의 의미를 해석하여 논리적 언어로 바꾼다.

문학적 기법이 갖는 기능이 무엇인지, 기법을 통해 저자가 말하고자 하는 바(주제)가 무엇인지, 저자가 말하는 바를 지지하는 논거를 인물의 성격이나 갈등관계, 시점 등을 통해 작품의 의미를 분석한다. 그리고 분석한 바를 다시 논리적으로 바꾸어서 논증 구조를 따져 본다.

② 심미적 독서를 원심적 독서로 바꾼다.

자신이 느낀 감동이나 정서가 무엇인지를 파악하고, 작품의 어떤 부분이 이런 감상을 갖게 만드는지에 대해 논리적으로 분석하는 원심적 독서로 전환한다.

논제를 찾아내는 단계 중에 토론 중심의 독서에서는 사회현상과의 연관성을 찾아내는 것이 매우 중요하다. 그러기 위해서는 저자의 주장이나 논거에 대해

> 심미적 독서(aesthetic reading)
> 글에 담긴 지시적 의미를 넘어서 독자의 정서적인 면에 치중하는 독서이다. 문학 작품을 읽을 때 독자가 감각, 감정, 인상, 개념 등을 혼합하여 작품의 의미를 구성하는 경험을 말한다.
>
> 원심적 독서(efferent reading)
> 글에 담긴 저자의 지시적 의미를 파악하는 독서이다. 대부분의 독서는 글 읽기를 통해 어떤 정보나 지식을 새롭게 인식하거나 필자가 주장하는 바에 대해 타당성을 검증하는 논리적이고 비판적인 사고를 요한다.

비판적으로 분석할 수 있어야 한다. 비판적 분석은 저자의 생각과 독자의 생각이 분리되어야 가능하며 다음과 같은 내용을 찾는 것이다.

① 책의 내용이 지닌 논증 구조를 분석하여 모순점 찾아내는 일

② 저자의 관점이나 이념이 갖는 시대적·지역적·사회문화적 한계 등을 지적하는 일

③ 동일한 주제나 제재를 다룬 책을 찾는 일

④ 저자의 논리를 확대하여 사회 현실에의 적용 여부를 판단하는 일이 이루어져야 한다.

라. 4단계:다양한 관점의 논제 만들기

'독서디베이트'에서는 소통의 개방성을 훈련하는 것이 또 하나의 중요한 목적이다. 따라서 자연스럽게 관점의 다양성을 갖게 하는 훈련이 필요하다. 이어서 위에서 사례로 가져온『마당을 나온 암탉』을 가지고 다양한 관점의 논제 만들기를 연습해 보자.

『마당을 나온 암탉』에서 나온 중요한 단어들은 생명의 애착, 꿈, 자유, 모성애 등으로 볼 수 있다. 이 단어들이 가지고 있는 다양한 의미의 이야기들로 논제를 만들어 보자. 그러면서도 독특하고 개성적인 등장인물들로 다양한 삶의 관점을 다음과 같이 제시해 볼 수 있다.

1) 생명의 애착 "잎싹이 살아난 것은 행운일 뿐이다."
2) 꿈, 자유 "꿈이 있는 잎싹보다 꿈이 없는 다른 닭이 더 행복하다."
3) 모성애 "잎싹이 초록을 키운 것은 잘한 선택이다."
4) 청둥오리 나그네 "청둥오리 나그네의 희생정신은 본받아야 한다."
5) 초록이 "초록이는 잎싹과 함께 살았어야 했다."

마. 5단계 : 논제 정하기

독서디베이트에서의 논제는 다음 세 가지 조건을 갖추어 만들어져야 한다.

① 텍스트 안에서 찾아야 한다.

② 해석의 적절성, 타당성 등의 평가가 나타나야 한다.

③ 현실 적용 가능성이 있어야 한다.

이러한 조건 속에서 만들어진 여러 가지 논제들을 가지고 가장 중심이 될 만한 논제가 무엇인지 찾아내되 중심 논제는 책 전체 내용을 포함하는 것이 바람직하다.

아래의 논제들 중에 중심 논제가 될 만한 것을 찾아보자. 그러기 위해서는 저자의 집필 의도를 우선적으로 찾아보아야 한다.

이 책에서 작가는 어느 한 가지 내용을 말하는 것이 아니었다. 작가는 독자들에게 '나는 누구이며, 어떻게 살아야 하는가?'라는 질문을 하도록 주문하고 있다. 그렇다면 논제 안에는 잎싹의 자유에 대한 갈망, 알을 품는 꿈, 초록이를 향한 잎싹의 사랑 등이 다 내포되어야 한다.

여기에서 논제를 정리해 본다면 아래의 다섯 개 논제 가운데 세 번째가 모든 내용을 포함하고 있다고 볼 수 있다.

　1) 생명의 애착 : "잎싹이가 살아난 것은 행운일 뿐이다."

　2) 꿈, 자유 : "꿈이 있는 잎싹보다 꿈이 없는 다른 닭이 더 행복하다."

　3) 모성애 : "잎싹이 초록을 키운 것은 잘한 선택이다."

　4) 청둥오리 나그네 : "청둥오리 나그네의 희생정신은 본받아야 한다."

　5) 초록이 : "초록이는 잎싹과 함께 살았어야 했다."

따라서 중심 논제로 '잎싹이 초록을 키운 것은 잘한 선택이다'로 정하는 것도 좋다. 하지만 이 논제는 독서토론에서도 흔히 다루어질 수 있는 것이기에 우리는 작가의 작의을 뛰어넘어 작가와 다른 나의 관점으로 논제를 정할 수 있다. 이것이 독서토론과 독서디베이트의 차이점임을 이야기할 때 이와 유사한 논제로 '낳은 정보다 키운 정이 강하다'를 가지고 철학적 가치와 담론을 이끌어 낼 수 있고, 이것이 독서디베이트의 매력인 것이다. 이러한 과정을 거쳐서 성인용 독서디베이트에서도 다음과 같이 논제를 찾을 수 있다.

　① 『왜 세계의 절반은 굶주리는가?』 : 세계적으로 심화되어지는 빈부 격차는 해소할 수 있다.

　② 『누가 내 치즈를 옮겼을까?』 : 현실에 적응할 때 행복하다.

　③ 『완득이』 : 담임선생 동주의 교육 방식은 바람직하다 등으로 찾아낼 수 있다.

2. 초등학교에서 논제 만들기

학년별 수준에 맞는 논제를 만들어야 한다.

초등학교에서는 학년별로 토론식 수업을 소화해 낼 수 있는 역량이 다르다. 따라서 토론 역량의 교육 목표를 아래와 같이 수준에 맞도록 설정하고 그에 맞는 토론 방법들을 도입하는 것이 바람직하다. 따라서 논제 또한 학년별 수준에 맞추어 독서토론 수업을 이끌어 가야 한다.

학년군	활동 주제	활동 내용	토론 유형
1~2학년	자기 의견 말하기	근거를 들어 자기 의견 말하기	토의 학습, 신호등 토론(기본형), 이야기식 토의·토론
3~4학년	상호 의견 주고받기	근거를 들어 의견 상호 주고받기	이야기식 토론, 토의망식 토론, 찬반 토론(기본형)
5~6학년	토론의 역량 훈련하기	형식을 갖춘 토론하기	디베이트 방식 토론, 신호등 토론(심화형)

▶ 1~2학년

초등학교 저학년(1~2학년)에서는 토론 자체가 진행되기 어렵다. 저학년 아이들은 문제에 대한 이해도가 떨어지며 집중력이 10분을 넘기 힘들기 때문이다. 그러다보니 어떠한 이야기도 진지하게 생각하지 않는다.

따라서 초등학교 저학년들에게 토론을 시킬 때에는 생활 속의 이야기들로 토론의 주제를 삼는 것이 바람직하다. 예를 들어 '생일 파티 과연 해야 하는가, 아닌가?', '친구네 집에 놀러 가려고 하는데 엄마가 동생을 봐 달라고 한다. 이때에 동생을 봐 줄 것인가, 놀러 갈 것인가'와 같은 생활 속 토론 주제로 토론 교육을 시작할 필요가 있다. 하지만 책 읽기는 저학년 때부터 습관이 되어야 하므로 동화책을 중심으로 독서토론 논제를 만들어 독서토론 수업을 하기를 권장한다.

이때에 주의해야 할 점은 초등 저학년들은 찬성과 반대의 개념 정리가 잘 되지 않기 때문에 찬반 토론이 아닌 아이들의 의견을 듣는 이야기 토의가 바람직한 방법으로 자신의 의견을 발표할 줄 아는 표현 훈련이 목표점이 되어야 한다. 즉 초등 저학년은 디베이트가 아닌 근거를 들어 자기 의견을 말하는 와이(Why), 하우(How) 독서토론을 적용해야 한다.

그러면 『아기돼지 삼형제』라는 책으로 초등 저학년용 토론 주제를 만들어 보자.

주제 예시 "아기돼지 삼형제는 서로 집짓기를 도와야 했다."
이 주제를 만든 이유는 근면, 성실이라는 인성 교육은 동화의 줄거리에서 가르쳐 주기에 토론을 통해서는 서로 돕고 사이좋게 살아가는 공동체 정신이 들어간 인성 교육을 할 수 있다.

▶ 3~4학년
3~4학년도 아직 판단력이 성숙한 단계는 아니다. 따라서 이 단계에서는 구체적인 상황을 주고 그 상황에서 어떻게 대처할 것이냐는 주제로 토론하는 것이 좋다.

예를 들면 '환경 보호에 대해서 토론해 보자'라는 것보다는 "쓰레기 분리수 거를 하지 않는 사람은 어떻게 처벌하면 좋을까?"라고 의견을 묻는 방법을 사용하는 것이다.

또한 '장애인들도 한 교실에서 공부해야 한다'라는 주제를 제시하는 것보다 '지각하기 직전에 휠체어를 탄 친구가 계단 앞에 있으면 어떻게 할 것인가?'라고 묻는 질문식 이야기 토론으로 토론 수업을 해 나가는 것이 참여도를 높일 수 있으며 토론의 역량을 발전시킬 수 있다.

특히 3~4학년의 토론 역량 훈련의 목표는 상호 의견을 주고받는 수준으로 이끌어 내는 것임을 감안하여 자유롭게 토론할 수 있는 찬반 개념의 논제를 찾는 것이 필요하다.

▶ 5~6학년

고학년은 토론식 수업의 진행과 더불어 토론의 역량을 훈련시키는 목표 설정이 필요하다. 따라서 찬반 토론 중심으로 이끌어 가는 것이 바람직하며 좀 더 심화된 디베이트 방식으로 토론 수업을 전개하는 것 또한 필요하다.

논제 또한 찬성과 반대의 균형이 맞는 디베이트형 논제가 필요하며 학습 효과가 병행되는 논제를 찾는 것이 중요하다. 특히 5~6학년은 논제를 가지고 찬성과 반대 양측 입장의 의견과 근거 자료를 사전에 충분히 조사하는 것이 필수이다. 단순히 교과서나 주어진 학습 자료에만 의지하는 토론이 아니라 자신이 탐구한 자료를 가지고 하는 토론으로 전환시키는 것이 필수 요건이다.

이들은 시사적인 이슈나 보편적인 주제에 대해서 어느 정도 진지한 토론이

가능하다. 따라서 이때에는 시사적인 이슈와 보편적인 주제를 교과서와 연결시켜 논제를 만들고 토론을 시키는 것 또한 바람직하다. 예를 들면 사회 과목에서 역사를 가르치기 위해 '이성계의 위화도 회군은 정당하다' 과학 과목으로 '원자력 발전소 사용은 계속 늘려야 한다' 등으로 교과목 토론을 할 수 있다.

3. 초등 수업에서 논제 찾기 훈련을 위한 중심 문장 찾기 연습(예제)

중심 문장과 중심 내용 찾기는 아이들이 잘할 수 있을 때까지 하루에 한 장씩 연습하는 것이 좋다.

1) 중심 문장이 글의 처음 부분에 있는 경우

철새 중에는 여름새와 겨울새가 있습니다. 제비와 같이 여름을 우리나라에서 나는 새를 여름새라고 하고, 기러기와 같이 겨울을 우리나라에서 나는 새를 겨울새라고 합니다.

우리 조상은 아주 오래 전부터 태권도를 즐겼다고 합니다. 태권도가 언제부터 시작되었는지 정확히 알 수는 없습니다. 그러나 옛 무덤에서 발견된 그림을 보면, 삼국 시대에도 태권도를 했던 것을 알 수 있습니다. 태권도는 그 후 고려 시대, 조선 시대를 거치면서 발달했습니다.

2) 중심 내용이 글의 끝 부분에 있는 경우

선생님께서 통일이 되면 남과 북은 끊어진 기찻길을 쉽게 연결할 수 있다고 하셨습니다. 그러므로 통일이 되면 할머니를 모시고 할머니 고향에 가서 황주

의 유명한 사과를 따 먹을 수 있을 것입니다. 아마 지금도 그곳에는 사과가 주 렁주렁 열려 있을 것입니다. 어서 통일이 되었으면 좋겠습니다.

눈이 많이 오는 지방에서도 날씨에 대비하여 집을 짓습니다. 눈이 많이 오는 지역으로 잘 알려진 울릉도에서는 투막이라는 독특한 집을 짓습니다. 투막은 집 둘레를 옥수숫대 등으로 촘촘히 둘러싸서 눈이 들어오지 못하도록 지은 집 입니다.

3) 중심 내용이 글의 가운데 부분에 있는 경우

가을 하늘도 이젠 파랗지 않습니다. 비가 오는 날에는 산성비가 걱정이 되어 마음 놓고 다닐 수도 없습니다. 이제 우리는 우리 손으로 지구를 살리지 않으면 안됩니다. 공기를 오염시키는 공장이나 자동차의 매연을 줄이기 위하여, 깨끗 하게 사용할 수 있는 에너지를 개발해야 합니다.

♣ 서로 관련되는 낱말들을 범위가 큰 낱말로 묶어 중심 내용을 이루고 있다

농장에서 여러 마리의 거위와 닭이 한가롭게 놀고 있다. 또 개는 자기들끼리 장난치며 놀고 있고, 염소는 풀을 뜯어 먹고 있다. 송아지는 어미 소의 뒤를 따 라다니며 울고 있다.

→ 농장에는 여러 마리의 거위와 닭, 개, 염소, 소 등이 있다.
→ 농장에는 여러 종류의 가축들이 있다.

3. 독서디베이트 논리 세우기, 입론

　입론은 한자어로서 우리말로 풀면 '논리 세우기'로 말할 수 있다. 입론에서는 자기 팀의 입장을 가장 강력하게 표현할 수 있는 논점을 구축하는 것과 논점에 대한 근거 자료로 주장을 입증하는 것이 핵심이다. 바로 뒤를 이어 나오는 반론과 교차 질의 등은 앞서 세운 상대편의 입론에 대한 논리의 오류를 지적하며 자기 팀 주장의 타당성을 세워가는 논쟁이기에 입론의 중요성은 매우 크다.

> 입론의 3요소
> - 논의 배경 : 주제가 등장하게 된 배경 설명(사건의 상황＋쟁점에 관한 시각) 및 논제에 대한 입장을 밝히는 단계이다.
> - 용어 정의 : 주제에 포함된 핵심 어휘의 개념 정의
> - 논점과 근거 : 주제에 대한 찬반 주장에 대한 이유와 근거를 갖춘 설명 논점 – 논제의 핵심 문제에 대한 주장 논거 – 논점을 지지하는 근거

　다음 제시문과 논제를 가지고 디베이트 입론의 논의 배경 및 3요소를 자세히 알아보자.

논제 : 현지는 민수를 도와야 한다

현지의 옆집에는 민수가 삽니다. 평소 민수는 자기밖에 몰라 먹을 것이 있거나 재미있는 장난감이 있어도 다른 친구들에게 나눠 주려고 하지 않았습니다. 오히려 다른 친구들의 것을 빼앗아 가곤 했지요. 친구들은 그런 민수가 얄미웠지만 힘이 세고 싸움을 잘해서 누구도 감히 뭐라고 하지 못했습니다.

그러던 어느 날 현지는 아버지로부터 민수 아버지에 대한 이야기를 듣게 되었습니다. 민수 아버지가 심장병에 걸려 편찮으시고, 그 일로 민수네 사정이 매우 어려워졌다는 내용이었어요. 그래서 동네 사람들은 성금을 모아 민수 아버지의 수술비에 보태기로 했다고 하셨습니다.

현지는 어떻게 해야 할지 아직 결정을 내리지 못했습니다. 힘이 약한 친구들의 물건을 함부로 빼앗고, 자기밖에 모르는 민수를 돕는 것이 내키지 않았거든요. 하지만 민수 아버지를 생각하면 안쓰러운 마음도 들었습니다.

1. 논의 배경

글(선정 도서)을 읽지 않은 청중들도 공감할 수 있도록 제시문을 요약하여 발표한다.

(상황 설명)

현지 옆집에 민수라는 아이는 욕심쟁이고 친구들의 것을 빼앗아가며 얄미운 짓을 하는 아이입니다. 그런 민수를 친구들은 미워했지만 힘세고 싸움을 잘하는 아이라 아무도 뭐라고 하지 못합니다.

어느 날 현지 아빠는 민수 아버지가 심장병에 걸리셨는데 수술비가 없을 정도로 집안이 어려워서 동네 사람들이 성금을 모아 수술비에 보탠다는 이야기를 들려주셨습니다.

현지는 다른 아이를 괴롭히며 얄미운 짓을 하는 민수를 생각하면 돕고 싶은 마음이 없는데 민수 아버지를 생각하면 안타까워 고민하게 되었습니다.

(시각)

찬성 : 저희 찬성 팀은 민수가 아무리 나쁜 친구라도 어려움에 처했다면 도움을 주어야 한다고 주장합니다.

반대 : 저희 반대 팀은 민수가 평소 못된 행동을 일삼던 나쁜 친구이기에 도움을 줄 필요가 없다고 주장합니다.

독서디베이트에서 논제에 관한 논의 배경 예시

독서디베이트에서는 논제의 배경을 두 가지 측면에서 가져온다. 첫째는 책의 줄거리에서 가져오며 둘째는 작가가 말하고자 하는 의도를 중심으로 사회현상 또는 현실에서 가지고 온다는 것이 특징이다. 예를 들어 『만년샤쓰』라는 책으로 생각해 보자.

• 도서 : 만년샤쓰 • 글 : 방정환 • 출판 : 길벗어린이

교사의 책 선정 이유

『만년샤쓰』는 방정환 선생의 대표적 창작 동화로 시대상을 담아낸 정감 어
린 수묵화로 다시 꾸민 그림 동화책이다. 따뜻한 필치로 그린 등장인물의 표정
묘사가 더욱 돋보인다. 아울러 이 책을 통해 모든 아이들이 어려운 환경을 긍정
적이며 유머로 승화시키는 창남을 만날 수 있기를 기대해 본다.

논제

어려운 환경은 인격 형성에 긍정적 영향을 끼친다.

논의 배경

책의 줄거리 요약으로 논제의 배경을 설명한다.

『만년샤쓰』에서 창남이는 친구들에게 늘 웃음을 준다. 떨어진 옷을 꿰매어
입고 다니지만 당당했던 터라 친구들은 창남이의 가정환경에 대해 전혀 아는
바가 없다.

그러던 어느 날 창남이는 지각을 했고, 추운 겨울 양말도 없이 짚신을 신고
해져 뚫어진 한복 겹바지를 입고 온 그의 모습에 체조 선생님은 사연을 물었고,
그때야 창남이의 집안 사정이 드러난다. 앞이 보이지 않는 어머니와 단 둘이 살
지만 넉넉하지 않은 집안 환경에서도 그는 늘 당당하고 밝았던 것이다. 산불로
인해 마을이 다 타고, 힘들어 하는 사람들을 위해 자신도 추웠지만 옷을 나눠주
고, 사람들을 생각하는 모습을 보인다.

창남이의 인격은 그의 성장 배경(주변 환경)에서 영향을 받았다고 볼 수 있는

것인지, 그리고 그 영향은 긍정적인지 부정적인지에 대해 논의해 보고자 한다.

작가가 말하고자 하는 의도 또는 현실적 사회현상으로 논의 배경을 설명한다.

『만년샤쓰』에서 창남이는 친구들에게 늘 웃음을 준다. 떨어진 옷을 꿰어 입고 다니지만 당당했던 터라 친구들은 창남이가 가난한 것인지 아닌지도 모른다.

물질의 풍요와 문명의 발달이란 21세기의 모든 혜택을 누리고 사는 우리 아이들, 만일 삶 속에서 우리 아이들이 어려운 환경에 부딪히게 된다면 동화책 『만년샤쓰』의 주인공 창남이처럼 어려움을 유머로 승화시키고 씩씩하게 살아나갈 수 있을까?

반면에 어려운 환경에서도 맑게 자라는 창남이와 달리 요즘 아이들은 지극히 이기적인 모습과 조금만 일이 힘들어도 포기하는 모습은 어떤 이유로 차이가 있는 것일까? 그렇다면 어려운 환경은 인격 형성에 긍정적 영향을 미치는 것일까? 아니면 오히려 부정적 영향을 미치는가? 이에 대하여 토론해 보자.

논의 배경을 발표할 때에는 위에 있는 두 가지 종류의 논의 배경 중에 한 가지의 형태를 선택하여 작성하게 되는데 이때에 자기 팀의 논리를 유리하게 끌어가기 위해서는 자기 팀에 유리한 해석을 담은 논의 배경을 만드는 것도 하나의 방법이다.

이렇게 논의 배경을 발표한 후에는 자기 팀에 주어진 찬성 또는 반대하는 입장에 대하여 이유를 들어 자기 팀의 시각인 찬성과 반대의 입장을 분명히 제시한 후 용어 정의 및 논점과 논거를 갖춘 주장으로 발언을 이어 가야 한다.

2. 용어 정의 : 논제에 나오는 용어에 대한 정의

용어 정의는 두 가지 부분에서 반드시 필요하다.

첫째, 논제 안에 찬성과 반대 양측이 해석을 달리 할 수 있는 용어가 있을 경우 반드시 용어 정의를 하고 넘어가야 한다. 그렇지 않을 경우 서로 다른 이야기를 하게 되기에 토론이 성립되지 않을 수 있다.

둘째, 논리를 펼쳐 나가기 위한 개념 정의를 위해 필요하다.

성공적인 디베이트는 논제를 잘 분석하는 데서 출발한다. 특히 논제에 나타나 있는 용어에 대하여 사전적 의미가 무엇인지를 먼저 찾아보고 사전적 의미에 비하여 어떤 의미로 논리를 전개해 나갈 것인지를 결정해 발언하는 것이 용어 정의이다. 특히 용어 정의를 통해서 논제의 의미를 정확하게 분석하게 되면 자기 팀의 강력한 주장이 될 논점을 발견할 수 있게 된다. 반대로 상대 팀의 약점 또한 발견하게 된다. 즉 이를 통하여 논제에 나타난 쟁점이 나타난다.

용어 정의에 대하여

찬반 입론자들은 반드시 용어 정의를 언급하고 넘어가야, 토론의 방향성에 오류가 생기지 않는다.

용어 정의는 논제에 나와 있는 용어에 대하여 찬반 양측이 자기 측의 입장에서 개념 정의를 해야 하며 토론의 범위를 한정 짓기 위해서 필요하고 양측 간에 내용의 혼돈을 방지하기 위해서 해야 한다.

용어 정의에는 사전적 정의와 재정의가 있다. 그 조건과 방법은 다음과 같다.

양측이 논제에 나온 단어에 대하여 해석이 다를 수 있는 개연성이 있는 단어는 반드시 용어 정의를 하고 가야 한다.

예를 들어 '결혼의 우선 조건은 경제력이어야 한다'에서 '결혼'이란 단어는 초혼인지, 재혼인지 규정하지 않으면 서로 다르게 말할 수 있다. 또 '경제력'이란 말은 현재 소유하고 있는 동산, 부동산의 재산을 의미하는지 미래적 경제성이 있는 개인의 역량이나 부모의 경제력 등 여러 조건들까지 포함하는지를 명시해야 한다.

3. 논점

논점은 논제 속에 담겨 있는 여러 가지 쟁점들 중에 핵심적인 것을 찾아 자기 팀의 주장으로 선택한 것이다.

따라서 논점은 디베이트의 입론 과정에서 가장 핵심적 요소이다. 디베이트는 자기 팀의 주장을 담은 논점을 가지고 논점을 뒷받침하는 근거를 들어 논리성과 타당성을 견주는 논리 게임이다.

논점을 찾을 때는 상대편에서 반론의 여지가 없는 것을 찾아내는 것이 가장 중요하다. 앞(P. 128)에서 예시로 든 '현지와 민수 이야기'를 가지고 논점을 찾아보도록 하자.

논점은 논제 속에 잘 나타나야 한다. 주어진 논제에서는, 현지가 민수를 도와주어야 하는지 생각해 보라는 과제를 던지고 있다. 따라서 토론자는 논의 배경 속에서 민수의 어떤 점 때문에 현지가 '그를 도울까 말까' 고민하고 있는지를

파악해야 한다. 민수는 평소 못된 행동을 일삼던 친구라는 것이 상황 글에서 드러나고 있다. 따라서 토론자는 '평소 못된 행동을 일삼던 나쁜 친구가 어려움에 처했다면 도움을 주어야 하는가?'하는 생각에서 논점을 찾아 나가야 한다.

논점을 찾기 위해서는 논제를 정확하게 파악하고 난 뒤에는 그에 대한 자신의 입장을 정해야 한다. 즉 논점 안에는 자신이 속한 팀의 입장이 주장으로 표현되는 논지가 있어야 한다. 논점은 여러 의미로 해석되거나 애매한 느낌을 주지 않도록 분명하고 명료하게 나타내야 한다.

그러므로 '보다 나은 방안을 생각해야 한다', '도와주어야 할 것 같다', '도와주어야 할지도 모른다'와 같은 것은 적합하지 않다. 또 자신의 입장을 분명히 정하지 못하고 '둘 다 옳다', '둘 다 옳지 않다'와 같은 입장을 취해서도 안 된다.

위 논제에 대해서는 '도움을 주어야 한다' 또는 '도움을 줄 필요가 없다'는 논리의 방향을 갖고 주장을 펼쳐 가는 것이다.

4. 논점에 대한 논거

논거는 논점의 주장을 지지할 수 있는 객관적이고 타당한 증거이다. 디베이트는 진행 과정에서 심판과 청중을 설득하는 목적을 가지므로, 반드시 자신의 논지를 납득시킬 만한 논거를 제시해야 한다. 따라서 논제에서 설정한 논지와 관계없거나 사실과 다른 것, 객관적이지 못한 내용 등은 논거로 맞지 않다. 논거를 충실히 제시하기 위해서는 평소 신문과 책을 많이 읽어 풍부한 배경지식을 갖추어야 하며 디베이트를 위해서 자료를 찾는 리서치 과정을 가져야 하는 것이 매우 중요하다.

'도움을 주어야 한다'는 입장에 대한 논점과 논거의 예

• 논점:다른 사람을 돕는 것은 나 자신을 위한 일이기도 하다.
• 논거:이웃의 어려움을 돕지 않는다면 나에게 도움이 필요할 때 도움을 받
  지 못하게 된다. '먼 친척보다 가까운 이웃사촌이 낫다.'라는 말이 있다.
  이웃에게 어려운 일이 생겼는데 조건을 따져 돕지 않는다면 내가 도움이
  필요할 때 그들도 똑같이 조건을 따지며 도움을 결정하게 될 것이다. 따라
  서 다른 사람을 돕는다는 것은 내가 어려울 때 도움을 입을 수 있는 보험
  을 드는 것과 같이 나 자신을 위한 일이기에 도와야 한다.

'도움을 주어서는 안 된다'는 입장에 대한 논거의 예

• 논점:친구들이 민수를 도와준다면 민수는 자신의 잘못을 깨닫지 못할 것
  이다.
• 논거:민수 아버지를 돕는 일은 동네 어른들이 참여하고 있으므로 어린 현
  지와 그 친구들이 걱정하지 않아도 잘 해결 될 수 있을 것이다. 만일 돕는
  다 하여도 민수네 어려움을 해결하는 것에는 크게 도움이 되지 않을 것이
  다. 오히려 괴롭힘을 당하던 친구들이 돕지 않을 경우 '인과응보', '뿌린
  대로 거둔다'는 말을 이해할 수 있는 기회가 될 것이다. 따라서 못된 행동
  을 일삼던 민수를 평소 행동에 개의치 않고 도와준다면 민수는 자신의 잘
  못을 뉘우치고 돌아설 기회를 잃게 되기에 현지와 친구들은 돕지 말아야
  한다.

논점과 논거 예시

본 자료는 독서디베이트 자격 연수 과정에서 수강생이 작성한 입론서의 일부로 참고 사항으로 수록하였다.

- 선정 도서:『만년샤쓰』 **"어려운 환경은 인격 형성에 긍정적 영향을 끼친다."** 독서디베이트는 주로 가치 논제를 다루기에 정답이 있을 수 없다. 다만 평가를 함에 있어서는 논제를 가지고 주장을 펼쳐감에 있어 책에 대한 해석이 잘 되었는가와 논리성을 잘 갖추었는가를 가지고 기준을 삼는다. 따라서 책 안에서 주장의 근거 찾기, 사회현상에서 객관적 예시를 가져오도록 지도해야 한다.

논점		찬성 측
	주장	가난한 환경이 창남이의 희생정신에 영향을 주었다.
논점 1	논거	주변 환경이 인격 형성에 끼치는 긍정적인 영향으로 창남이의 '희생정신'을 들 수 있다. 창남이는 아직 어리지만 나보다 남을 먼저 생각하고, 어려움에 처한 이웃을 돕고, 나도 충분하지 않지만 작은 것이라도 나누는 방법을 잘 알고 있다. 동네에서 큰불이 나서 이웃들의 세간살이가 어려워지자 자신의 옷과 어머니의 옷을 나눠주었다.(p. 30) 또한 어머니를 위해 자신의 양말까지도 기꺼이 내어 드렸다.(p. 32) 이러한 창남이의 희생정신은 또래 아이뿐만 아니라 성인과 비교했을 때도 부족하지 않다. 창남이는 가난한 환경에서 자라왔기에 누구보다 그 아픔을 잘 알 것이다. 그래서 기꺼이 남에게 도움을 주는 것이 가능했을 것이다. 서서히 인격이 완성되어 가는 사춘기에 남을 돕는 일을 직접 실천하는 것은 인격 형성에 그 무엇보다도 큰 영향을 줄 것이다.

논점 2	주장	창남이는 어머니에 의해 바르게 자라고 있다.
	논거	책 속에서 직접적인 어머니의 교육 방식이 등장하지는 않는다. 큰불로 인해 마을이 다 탔을 때, 두 식구가 당장 입고 있을 옷 한 벌씩만 남기고 동네 사람들에게 나눠주자고 하신 분은 바로 창남이의 어머니였다.(p. 30) 아이는 누구보다 부모의 영향을 많이 받는다. 아이가 세상을 보는 창이 부모인데, 창남이의 어머니는 누구보다도 곧고, 옳은 창으로 창남이를 이끌고 있는 것이다. 어머니가 직접 먼저 실천했기 때문에 창남이 역시 망설이지 않고 베풂을 실천한 것이다. 또한 창남이는 앞이 보이지 않는 어머니를 잘 모시는 효자이다. 어머니를 위해 자신의 양말을 벗은 것을 보면 사소한 것 하나까지도 어머니를 위하는 마음이 크다.(p. 32) 직접 보지는 못하지만, 어머니께 바르고 곧게 자라는 자신의 모습을 알리기 위해 노력했다.
논점 3	주장	가진 것이 없기에 더욱 당당할 수 있다.
	논거	창남이의 당당한 성격과 위트 역시 주변 환경(학교생활)에 영향을 받았다. 본래 집안 환경이 가진 것이 넉넉지 않았기에 온전하게 주어진 것은 몸 하나였다. 그러므로 스스로를 부끄럽게 여기지 않았다. 학교에서도 주눅들지 않고 누구보다 쾌활한 소년이었다.(p. 8) 창남이는 친구들이 장난으로 놀려도 유쾌하게 받아들이는 모습을 보인다.(p. 16) 친구들의 장난에는 애정이 있다는 걸 알기에 장난을 웃음으로써 받아들였다. 창남이는 친구들에게 꽤나 인기 있는 아이였다.(p. 10) 자신에게 애정과 관심을 주고, 자신의 말장난에도 신나게 반응하는 친구들의 영향을 받아 더욱 당당하고 주눅 들지 않는 모습을 보여주었다.

논점		반대 측
논점 1	주장	가난한 환경은 오히려 부정적인 영향을 끼칠 수 있다.
	논거	어려서부터 가난했기 때문에 가질 수 있는 것이 많지 않다는 것을 알았을 것이다. 그래서 그것에서 오는 빈부 격차를 일찍이 깨달았을 것이다. 사춘기라는 인격 형성의 중요한 시기에 느끼게 되는 빈부 격차는 부정적인 영향을 준다. 실제로 창남이는 근심하는 빛이 있거나 남의 것을 부러워하는 눈치가 없었다.(p. 10) 이것은 아예 가난에 대해서 체념한 모습처럼 보일 수도 있다. '우리 집은 왜 이렇게 가난할까?', '나는 왜 가질 수 없을까?'와 같은 스스로의 질문 끝에 체념 섞인 현실 인식과 자괴감을 들게 할 수 있다.
논점 2	주장	주변 환경에서 비롯된 선의의 거짓말은 바람직하지 않다.
	논거	창남이는 어머니를 위해 선의의 거짓말을 했다. 추위에 떠는 어머니께 한 켤레의 양말이라도 더 신겨 드리게 위해 자신은 두 켤레를 가지고 있다고 말했다.(p. 32) 분명히 어머니를 위해 한 선의의 거짓말이었으나, 자신 역시 나쁜 일인 줄 알면서도 거짓말을 했다고 인정했다. 어머니를 생각하는 마음에서 불가피한 결정이었지만, 어떠한 상황에서도 거짓말은 옳지 않다. 물론 선의의 거짓말이 필요할 때도 있다. 하지만 창남이에게 주어진 주변 환경과 상황은 결국 바르고 착한 창남이가 거짓말을 하게 만들어 버렸다. 창남이의 주변 환경은 다시 또 선의의 거짓말을 할 상황들을 만들어 낼 것이다. 그 횟수는 얼마나 될지 모르고, 그것이 선의의 거짓말이 아니게 될 수도 있는 것이다. 선의의 거짓말이라 할지라도, 거짓말은 결국 나쁜 것이기 때문에, 창남이의 주변 환경은 창남이에게 부정적인 영향을 끼친 것이다.

	주장	당당함은 독이 될 수 있다.
논점 3	논거	창남이는 체조 시간에 샤쓰를 입지 않고 있다는 사실을 밝히면서, 과연 부끄러움을 느끼지 않았을까? 씩씩하고 용기 있게 만년 샤쓰임을 드러내긴 했지만, 오히려 부끄러움을 당당함으로 위장하고 있는 것이 아닌가라는 생각을 들게 한다.(p. 20~24) 처음 샤쓰를 입지 않았다고 말하기까지 창남이의 모습을 살펴보면, 고개를 폭 숙이고 얼굴이 빨개지고, 한참 동안 멈칫멈칫하는 모습을 보인다. 말까지 더듬는다.(p. 20) 창남이는 늘 당당하고 자신 있는 아이지만, 웃음과 장난 속에 자신을 숨기고 있는 것이다.

4. 정교한 연금술, 논점 만들기와 논거 찾기

다이아몬드 원석에 비유되는 논제는 입론과 반론 과정에서 다듬어져 나간다.

특히 입론 부분에서 주장을 세우는 것은 논점과 논거를 만들면서 원석에 담긴 가치를 표면으로 끄집어내는 작업이다.

따라서 독서디베이트는 논리 세우기 안에 있는 논점과 논거를 만들 때 철학, 구조, 본질을 점검하는 '사고 혁명의 세 가지 틀'을 사용해야 하며 논제 분석을 통해 논점과 논거를 만들고 찾아 나가야 한다.

1. 논제 분석하기

가. 답은 논제 안에 있다.

나. 논제에 나타나 있는 어휘의 의미를 명확히 하라.

다. 문장 속 개념어의 본질을 생각하라.

라. 문장에 표현되지 않은 요소도 분석하라.

마. 서로 대립하는 두 개의 가치관을 파악하라.

독서디베이트에서 가장 먼저 해야 할 일이 논제 분석이다. 이것은 하나의 문제를 푸는 과정과 유사하다. 코치 양성 과정에서 황선미 작가의 『나쁜 어린이 표』라는 책을 가지고 독서디베이트 실습을 시킨다. 이 책 내용에는 건우라는 아이가 주인공으로서 선생님으로부터 여러 차례 나쁜 어린이 표를 받게 된다.

작가는 나쁜 어린이 표를 받은 건우의 감정과 생각들, 그로 인한 돌발적인 행동을 자세히 묘사했다. 여기서 논제는 '학생의 행동 수정을 위해 스티커 제도는 필요하다'를 내놓았다.

가. 답은 논제 안에 있다.

우리가 일상 언어를 사용할 때에 어떻게 말하는가를 살펴보면 이해가 될 것이다. 예를 들어 엘리베이터에서 만난 이웃이 "아, 보람이 어머니! 어디 가세요?"라고 말했으면 "예, 볼일이 있어서"라고 대답하면 된다. 구태여 구체적으로 "열두 시에 지호 엄마와 백화점에서 만나 점심 식사 하기로 해서 만나러가요."라고 말할 필요는 없다.

"어디가세요?"라는 표현은 그저 인사차 나눈 단어이고 구태여 대답을 기다리는 것이 아니란 것을 보람이 엄마도 잘 알기 때문이다.

그러나 "아! 보람이 엄마. 어디가세요? 그런데 보람이 교복 사셨어요? 우리 아이 교복을 어디서 사야 좋을지 모르겠네요."라는 이야기를 했다면 자연스럽게 다음과 같은 대답을 하게 될 것이다.

"네, 어제 시장 안에 있는 ○○○ 학생복에서 샀어요. 가격이 이십오만 원인데 저렴한 것 같아요. 지호는 백화점에서 사십오만 원 주고 샀다고 하는데 지호 입은 것을 보니까 우리 보람이 것 하고 질감에 차이가 없는 것 같아요. 혹시 저렴한 것을 찾으시면 ○○○ 학생복에서 사는 것도 좋을 것 같아요. 그곳 위치

는요 시장 입구로 들어가서서 오른쪽 골목으로 50미터 쯤 떨어진 맨 마지막 집이예요."라고 말할 수 있다.

이웃이 말한 것에서 정보를 얻고자 하는 의도가 담겨 있다는 사실을 느낀 보람이 엄마는 당연히 자신이 갖고 있는 경험과 정보를 논리 정연하게 전달한 것이다.

즉 토론에서도 논제는 질문이다. 따라서 이 질문에 어떤 의도가 담겨 있는지를 살펴보는 것이 논제 분석의 첫 번째 관문이다. 그렇다면 위에 제시한 논제, '학생의 행동 수정을 위해 스티커 제도는 필요하다'에는 어떤 의도가 담겨 있는 질문일까? 이 논제에는 '교실 안에서 통제되지 않은 아이들의 행동 수정 방법에 대한 묘안 찾기'라는 고민이 담겨 있다.

좋은 답을 쓰기 위해서는 논제를 잘 읽는 것이 무엇보다 중요하다. 왜냐하면 논제가 질문이라면 질문의 답은 질문의 의도를 바르게 파악해야 되기 때문이다.

나. 디베이트는 입론 과정에서 용어 정의를 해야 한다.

이는 토론을 하기 위해서 사용하는 낱말, 또는 문장의 의미를 명확히 규정해야 좋은 토론이 될 수 있기 때문이다. 만일 용어 정의가 정확히 이루어지지 않으면 토론의 방향이 논제에서 벗어나는 결과를 가져 오기에 용어 정의란 매우 중요한 과정이다.

위에서 제시한 논제 '학생의 행동 수정을 위해 스티커 제도는 필요하다'를 예로 들어보자. 여기에 나오는 단어 중에 중요한 단어는 행동 수정과 스티커 제도이다. '행동 수정'이란 단어에 대하여 의미를 명확히 하려면 교육학적 이론이 필요할 것이다. 그리고 '스티커 제도'에 대하여는 토론에 혼돈을 가져올 가능성이 많다. 스티커 제도에는 칭찬 스티커와 벌점 스티커와 또 다른 다양한 스티커 제도가 있기 때문이다.

이 중에 오늘 토론에는 어느 것을 스티커 제도 범위에 넣을 것인가에 대하여 명확히 하는 용어 정의가 필요하며 그러기 위해서는 용어에 대한 조사가 철저히 이루어져야 한다.

다. 논제의 문장 속 개념어의 본질을 생각하라.

'학생의 행동 수정을 위해 스티커 제도는 필요하다'라는 논제에는 나타나지 않은 중요한 단어가 있다. 바로 '학교'라는 단어이다. 그렇다면 토론자는 '학교'라는 단어의 개념과 본질을 생각해야 한다는 것이다. 학교가 놀이터라는 개념으로 이해된다면 구태여 학생의 행동 수정을 할 필요가 없을 것이다. 학생의 행동 수정이란 단어가 나오게 된 배경은 바로 '학교'라는 특수성 때문이다. 그렇다면 '학교'의 특수성은 무엇인가? 바로 '교육'이란 단어가 나온다.

지금까지 우리 사회에서는 '교육'이란 단어를 생각할 때 '자율'보다 '타율'의 방법이 적용되는 곳으로 인식되어 왔다. 따라서 '교육'하면 강제와 구속이란 개념이 떠오르게 된다.

반면에 '교육의 목적'이란 단어도 생각할 수 있다. 교육의 목적은 변화이다. 그렇다면 "변화를 추구함에 있어서 강제의 수단과 자율의 수단 중에 어느 것이 더 바람직한가?"라는 질문을 던지게 된다. '교육'이란 단어를 더 분석해 보면

'교육의 내용' 또한 다른 분야를 차지한다. 교육에 있어서 지식 교육과 인성 교육, 체력 증진, 예절 교육 등 다양한 교육 내용이 있기 때문이다. 그렇다면 '스티커 제도라는 것이 어떤 교육의 효율성을 위해서 하자는 것인가?'라는 질문이 나타나게 된다.

이렇듯 문장 속에 있는 개념어의 본질을 찾아가면 찬성과 반대 측 모두 자신들이 세워 나가야 할 입장을 찾을 수 있게 된다.

라. 문장에 표현되지 않은 요소도 분석하라.

논제 "학생의 행동 수정을 위해 스티커 제도는 필요하다"에는 '교실 안에서의 학습 분위기 조성'이라는 의도가 숨겨져 있다. 그것에 대한 전제는 학습 분위기를 망가뜨리는 아이들이 있다는 것이다. 이 아이들에 대한 처벌 문제가 스티커 제도의 목적이다. 두 번째는 교실 안에 문제 행동의 아이들만 있는 것이 아니라 학습 분위기 조성에 도움을 주는 모범적 아이들도 존재한다. 그렇다면 그 아이들을 어떻게 대우할 것인가에 대한 아이디어가 칭찬 스티커이다. 아울러 칭찬의 효과를 통해 모범생들에 대한 대우뿐 아니라 문제아의 행동을 자제시키자는 아이디어가 들어 있는 것이다.

즉 학급 질서 유지를 위해 처벌과 보상이란 두 단어가 나타난 것이다. 이런 관점에서 독서디베이트의 논점 만들기가 시작된다.

마. 서로 대립하는 두 개의 가치관을 파악하라.

반면에 반대하는 입장에서는 교육은 처벌과 보상 체계가 아닌 아이 스스로 자신의 행동을 평가하고 반성할 수 있는 기회를 주는 행동 인지 교육을 실시해야 한다는 입장을 이야기하게 될 것이다.

찬성 측은 교육 공동체 운영의 효율성을, 반대 측은 교육 목적의 본질 추구를 내세워 각자의 입장을 고수해 나갈 것이다. 이때 찬성 측은 최선의 방법이란 입장으로 주장을 하면서 반대 측의 주장에 이론과 현실의 괴리감을 피력할 것이다. 반면에 반대 측은 찬성 측의 주장이 교육의 본질을 훼손시키는 부분을 부각시키면서 주인공 건우와 같은 아이가 한 명이라도 발생하면 그것은 교육의 실패라고 주장하게 될 것이다.

독서디베이트는 이렇게 논제를 분석하는 과정에서 자신의 팀이 주장해야 할 논점을 찾아낼 수 있다. 이렇게 만들어진 논점을 중심으로 이에 대한 근거 자료인 논거를 찾는 작업이 리서치이다. 이때에 리서치의 대상은 다음의 세 가지 대상을 순서로 찾는다.

2. 논제 분석으로 논점 찾기

독서디베이트의 논점(주장)과 논거(근거) 찾기

1. 선정 도서에서 찾는다.
2. 관련 도서에서 찾는다.
3. 사회적 현상에서 찾는다.

독서디베이트는 주로 문학작품을 활용한다. 하지만 때로 비문학 작품도 다

룰 필요가 있다. 독서디베이트에서 한 가지 유념해야 할 사항은 토론이 갖는 특징과 문학작품의 특징이 서로 배치된다는 것이다.

토론은 철저하게 사실적 근거를 하는 것이다. 자신의 의견을 제시하기도 하지만 그 의견을 철저하게 객관적으로 뒷받침할 수 있는 사실적 근거 자료로 논증을 해 나가는 것이 토론이기 때문이다. 하지만 문학작품은 사실이 아닌 작가의 상상력을 바탕으로 한 의견과 묘사이다. 때문에 문학작품으로 토론을 한다는 것은 또 하나의 소설을 쓰는 경우가 발생할 수도 있다. 이러한 상충되는 특성을 극복하고 독서디베이트는 진행되어야 하기에 논거 찾기에서 위 세 가지 순서를 거쳐야 한다.

첫 번째는 선정 도서에서 찾아야 한다. 이것은 입장을 분명히 하고 자기 측의 주장을 견고히 하기 위함이다. 둘째로는 관련 도서에서 주장에 대한 설명 자료를 찾아오는 것이다. 이는 폭넓은 주장을 펼치게 하기 위함이며 독서의 폭을 넓히는 기능이 담겨 있는 독서디베이트의 원칙이다.

세 번째는 사회현상에서 근거를 찾는 것이다. 사회현상이란 이미 객관적으로 증명된 사실이다. 따라서 픽션의 요소를 의견으로 제시하고 그 의견에 사실적 근거인 사회적 현상으로 객관적인 증명을 하는 것이 독서디베이트의 논점과 논거 만들기 기법이다.

하지만 두 번째의 관련 도서와 세 번째의 사회현상에서 찾아오는 것은 첫 번째의 조건인 책에서 찾아오는 것이 부족할 경우에 해당된다. 즉 삼단 논법처럼 논리적 증명으로 가능한 주장이 있다면 구태여 사회적 현상에서 찾아올 필요는 없다. 그러나 가정으로 제시한 부분 자체가 사회의 보편 현상이 아니거나 다른 사람이 인정하기 어려운 개인적 의견일 경우에는 반드시 사회적 현상으로 뒷받침하는 것이 원칙이다.

• 책에서만 찾은 논점과 논거 예시: 『**진짜 도둑**』

논제	데릭이 상을 받은 것은 정당하다.	
논의 배경	왕과 온 국민으로부터 신뢰를 받고 있는 보물 창고 수문장 거위 가원은 수문장 역할을 책임감 있게 해내고 있었다. 그러던 중 보물 창고의 보물이 없어지고 왕과 유일하게 열쇠를 가지고 있다는 이유만으로 왕과 친구들로부터 도둑으로 몰린다. 가원은 모두로부터 배신감을 느끼면서 재판장에서 도망 가 풀숲에서 은둔 생활을 한다. 결국 사건은 진짜 도둑 생쥐 데릭이 보물을 제자리에 갖다 놓으면서 가원이 범인이 아니라는 사실이 알려지면서 해결되지만 왕과 친구들은 가원을 도둑으로 몰은 것에 대해 죄책감을 느끼며 괴로워한다. 데릭이 가원을 데리고 나타나 서로의 오해와 미움들은 풀어 버리고 왕은 가원과 데릭을 위해 성대한 파티를 열어주고 데릭에게 상을 내리겠다고 했지만 데릭은 양심의 가책으로 거절했다. 그렇다면 데릭에게 포상을 하려는 왕의 결정은 정당한가?에 대해 논의하고자 합니다.	
용어 정의	'포상'이란 어떤 일에 대해 칭찬하고 장려하여 상을 주는 것을 말하며 '정당하다'는 것은 이치에 맞아 올바르고 마땅함을 뜻합니다. 우리 팀은 다음과 같은 이유로 '데릭이 상을 받는 것은 정당하다.'에 반대합니다.	
논점 1	주장	남의 물건을 훔친 것은 이유를 불문하고 용서받을 수 없는 행동이다.
	논거	데릭이 우연히 왕실의 보물 창고를 발견하고 호기심과 초라한 자신의 집을 생각해 수많은 보석 중 일부를 가져가도 아무도 모를 것이라는 어리석은 생각 때문에 죄책감 없이 보석을

논점 1	논거	가져가 자신의 만족을 위해 집을 꾸몄다는 것은 남의 물건을 훔친 범죄에 해당되기 때문에 용서받을 수 없는 행동이다.
논점 2	주장	자신의 안위를 위해 타인을 희생시켰다.
	논거	자신의 사리사욕을 위해 보석을 훔친 데릭은 가윈이 보석을 훔친 범인으로 억울한 누명을 쓰고 법의 심판을 받게 되지만, 자신의 안위와 두려움 때문에 아무런 잘못이 없는 친구를 곤경에 빠뜨리고 희생시켰다
논점 3	주장	자신은 물론 주변인들을 기만했다.
	논거	가윈이 법의 심판을 받을 때까지도 지켜만 보고 있던 데릭은 양심의 가책을 느껴 가윈이 범인이 아니라는 걸 증명하기 위해 계속 보석을 훔쳤고 가윈이 범인이 아니라는 것이 증명되자 훔친 보석을 다시 제자리에 가져다 놓았다. 데릭은 자신이 해야 할 일을 했다고 생각한다. 하지만 왕과 가윈의 친구들은 가윈을 믿지 못했다는 사실 때문에 괴로워하고 죄책감을 느꼈으며 가윈은 다른 사람을 믿지 못하고 미워하게 되었다. 즉 데릭은 자신을 믿고 따른 주변인들을 교묘히 속이고 기만한 것이다.

＊우리 팀은 남의 물건을 훔친 행위는 범죄이고, 자신의 안위를 위해 타인을 희생시켰고, 주변인들을 기만한 데릭의 행동이 상을 받기에 정당하기 않기에 '데릭이 상을 받은 것은 정당하다'에 반대합니다.

3. 논점 만들기

독서디베이트에서 논점 만들기는 다음 세 가지 사고의 틀에 맞추어 입체적으로 논제를 조명하는 것이 필요하다. 이는 강력하고 수준 있는 독서디베이트를 하기 위함이다.

• 논제 '학생의 행동 수정을 위해 스티커 제도는 필요하다'를 가지고 논점을 만들어 보자.

• 찬성 측 논점

1. 본질(Fundamental)을 찾는 노력 : 신상필벌은 가장 좋은 교육 방법이다.
2. 구조(Structure)에 대한 고찰 : 역사적·사회적으로 신상필벌을 통해 아동들에게 선과 악에 대한 변별력을 키워 왔다.
3. 철학(Philosophy)적 담론 : 사회통합을 위해 반사회적 행위는 규제해야 한다.

• 반대 측 논점

1. 본질(Fundamental)을 찾는 노력 : 자율성보다 더 좋은 교육은 없다.
2. 구조(Structure)에 대한 고찰 : 나쁜 스티커가 누적될 경우 자아 부정과 자신감 결여, 공동체 부정의 역효과가 발생할 수 있다.
3. 철학(Philosophy)적 담론 : 한 명이라도 낙인 효과가 있어서는 안 된다.

하지만 반드시 세 가지 관점으로 논점을 만들어야 한다는 것은 아니다. 시사적인 영역과 정책 논제일 경우에는 세 가지 관점에서 논점을 만들어 보기를 권장한다. 하지만 독서디베이트에서 가치 논제를 가지고 디베이트를 할 경우에는 논점이 주로 철학과 본질의 관점에서 논점을 찾게 된다.

다음은 고척 도서관에서 황선미 작가의 『나쁜 어린이 표』로 만든 독서디베

이트 코치 3급 자격 과정에 제출한 사서 교사의 입론서이다.

　내용을 보면 위에 제시했던 세 가지 틀의 관점으로 작성된 것은 아니다. 다만 여기에 수록한 이유는 보통 디베이트 코치 양성 과정에서 나오는 모습을 보여주기 위함이며 어떤 차이가 있는지 비교해 보도록 하기 위함이다.

『나쁜 어린이 표』, 찬성 측 논점과 논거

논점		찬성 측
논점 1	주장	절제력과 책임감을 배우기 위해 아이들은 스티커 제도가 필요하다.
	근거	p. 6 건우는 일기를 꼬박꼬박 내고, 쓰레기도 줍고 ,발표도 잘해야지…… 착한 어린이 표를 받기 위해 노력해야겠어…… 스티거 제도는 해서는 안 되는 일에 대해 반성하고, 노력함으로써 자신이 해서는 안 되는 일…… 남에게 피해를 주는 행동은 나쁜 것. 정한 규칙과 약속은 지켜야 한다는 것을 배우면 자신을 절제하고 행동 수정을 위해 노력하게 된다. p. 22 건우는 나쁜 어린이 표를 준 선생님이 원망스러웠지만, 별수 없었다고 생각한다. 당번도 아닌데 청소를 하고 남아서 수학을 푼다. 나쁜 행동을 했을 때 그 대가로 벌을 받아야 한다는 것을 인정하고 규칙을 지키기 위해 노력하고 맡은 일에 대해 책임을 지려고 한다. 이처럼 스티커 제도는 아이에게 절제력과 책임감을 배우게 하고 물리적 매보다 인격을 존중하므로 스티커 제도는 아이의 행동 수정을 위해 필요하다고 주장합니다.

논점 2	주장	아이의 인격을 존중하는 제도이므로 스티커 제도는 필요하다.
	근거	p. 86 선생님이 건우 수첩을 들어 보인다. "남의 것을 맘대로 없애는 건 진짜 나쁘다. 뭐든지 남의 건 손대지 않는 게 좋아. 이번 일은 이쯤에서 그만두자." 선생님은 나쁜 선생님 표를 가져가신다. p. 90 선생님이 나쁜 선생님 표를 구기실 줄 알았는데 구기지 않는다. 화도 내시지 않는다. 건우는 그런 선생님께 고마움과 미안함을 느끼면서 자신의 잘못을 스스로 반성하게 된다. 만약 건우가 잘못할 때마다 선생님께서 여러 사람 앞에서 화를 내고 물리적 처벌을 받았더라면 건우는 선생님에 대한 믿음이 생기지 않았을 것이며 자신의 잘못된 행동보다 선생님이 화내시는 것만 생각하고 자신의 인격이 무시당했다는 생각에 정작 자신의 잘못은 반성하지 않았을 것이다. 그러므로 스티커 제도는 아이의 인격을 존중할 수 있으므로 스티커 제도는 필요하다.
논점 3	주장	다수의 학생의 학습권을 보호해 주는 최선의 방법이다.
	근거	우리 사회에도 법과 규칙이 있다. 법과 규칙이 없다면 우리는 생활의 무질서 현상이 나타나 모두가 고통 속에 있게 될 것이다. 무질서는 범죄를 양산하게 될 것이며 범죄는 사회 공동체를 무너뜨리는 결과를 가져와 더불어 살아가기 힘든 지경에 이를 것이다. 학급도 작은 사회에 해당된다. 학급에서 보호되어야 할 것은 다수 학생의 학습권이다. 다수 학생의 학습권을 보호하기 위해 가장 바람직한 것이 규칙이라 할 수 있는데 규칙을 어긴 자에게 책임을 묻지 않는다면 학급에서도 질서가 무너지고 학습 분위기는 지켜 낼 수가 없게 된다. 그러므로 잘못된 행동을 했을 땐 스티커 제도로 상과 벌을 줌으로써 자신의 잘못을 인식하고 공동체 생활에 적응하려는 노력을 하게 해야 한다. 물론 '나쁜 어린이표'에 나오는 것처럼 선생님의 즉흥적인 스티커 발부가 문

논점 3	근거	제라고 할 수 있다. 하지만 이러한 실행 방법은 수정해 나가면 되는 것이며 근본적으로 스티커 제도는 최선의 학급 질서 유지 방법이다.

『나쁜 어린이 표』, 반대 측 논점과 논거

논점		반대 측
	주장	대화를 통해 교육하는 것이 최선의 교육 방법이다.
논점 1	근거	교육은 결과적으로 학생의 변화를 가져와야 한다. 그 변화는 타율에 의한 것보다 스스로 잘못을 인식하고 수정하려는 노력이 있을 때에 근본적인 변화를 가져올 수 있다. 하지만 책에서 선생님은 대화가 아닌 감정적 처리를 먼저 하셨다. p. 18 운동이 끝난 후 손을 씻고 들어오다가 수업 시간에 늦은 건우는 교실 문을 열고 싶지만 열리지 않는다. 그 순간 선생님이 화난 얼굴로 교실 문을 열게 되고 "공부 시작 종이 벌써 울렸잖아! 다음부터 늦지 마!" 하신다. 한발의 차이였을 뿐인데 순전히 선생님 마음대로 하신다. 선생님은 건우가 왜 수업에 늦었는지 묻지도 들으려고도 하지 않으신다. 수업 시간에 늦은 건 건우의 잘못이지만 왜 건우가 늦었는지 들어주는 것이 우선이기 때문이다. 예를 들어 법정을 떠올려 본다면 살인 혐의의 피의자에게도 변호사의 도움을 받을 수 있는 권한이 있고 남에게 피해를 준 가해자라 할지라도 왜 그랬는지에 대한 사정과 까닭을 듣게 된다. 그 후에 형량을 정하고 벌을 받게 된다. 이렇듯 규칙을 지키지 않았더라도 아이의 얘기를 무시하고 나쁜 어린이 표를 먼저 줄 것이 아니라 아이의 얘기를 먼저 듣고 아이의 입장에서 이해하고 그 후에 아이가 잘못을 반성할 수 있는 시간을 주는 것이 필요하기 때문이다.

	주장	스티커 제도는 형평성에 문제가 있어 불신을 초래할 수 있다.
논점 2	근거	p. 22 선생님께서 "늦지 마라. 너 늦었으니 두 장!" 하신다. "한발 차이었을 뿐인데. 순전히 선생님 맘대로야." 건우는 규칙을 맘대로 바꾸시는 선생님이 공정하지 못하다는 불만을 갖게 되고 선생님을 믿지 못하게 된다. 스티커 제도에 명확한 룰이 있지 않고 어른 기분에 따라 규칙을 바꾼다면 아이들은 어른을 불신하게 되기 때문이다. 예를 들어 대한민국 정부는 새 정부가 바뀔 때 마다 교육 정책, 복지 제도, 부동산 법 등 일정한 규칙 없이 자주 정책이 수정되고 바뀐다. 그래서 국민들은 정부를 불신하게 되고 불만이 쌓이게 된다. 이와같이 교실에서 공정하지 않고 일관된 규칙이 없는 스티커 제도는 아이에게 어른을 불신하는 마음이 생기기 때문에 스티커 제도에 반대한다.
	주장	교육 현장에서는 한 명도 매우 소중히 여겨야 한다.
논점 3	근거	건우는 노력했지만 자꾸만 늘어만 가는 나쁜 어린이 표로 인해 착한 어린이 표를 많이 받은 친구들과 자신을 비교하게 된다. 엄마 또한 나쁜 어린이 표를 많이 받은 자신을 보고 속상해 하시는 것을 알고 자신감이 상실되고 학교생활에 의욕도 낮아진다. 또한 건우가 나가고 싶어 하는 과학 경진 대회도 나가는 것을 망설이며 자신 없어 한다. 교육은 한 명이 소중한 것이다. 교육 현장에서 잘하는 아이들 99명보다 잘못하는 아이 하나가 바르게 행동 수정 되는 것이 미래 사회에 더 큰 유익이 되기 때문이다. 첫째는 인간은 누구나 존엄하기 때문이며 둘째는 한 사람의 탈선이 초래하는 사회적 손실 비용은 열 사람이 가져오는 긍정적 효과보다 더 큰 폐혜를 가져오기 때문이다. 칭찬은 고래도 춤추게 한다는 말이 있다. 사람은 칭찬을 받아야 자신을 가치 있게 생각하고 자신을 사랑하게 될 것이다.

RND 방식 독서디베이트는 학습의 오케스트라다

제5장

독서디베이트 수업은 RND 방식으로

1. RND 방식 독서디베이트 수업이란?

'RND 방식 독서 교육'이란 최고의 난이도를 갖고 있는 독후 활동으로서 학생들이 교육 현장에서 '독서디베이트'를 잘 수행할 수 있도록 읽기와 자료 조사 하기, 토의와 찬반 토론을 거쳐 독서디베이트를 하는 총체적인 토론식 독서 교육 방법이다.

즉 읽기와 자료 조사하기를 한 후에 토의와 찬반 토론으로 자료와 생각의 정리를 도모하는 1차시 수업과 디베이트를 하고 난 후 에세이를 쓰는 2차시 수업으로 구성된 토론식 독서 교육 방법을 'RND 방식 독서 교육'이라 한다.

여기에서 'RND 방식'이란 모든 영역의 학습 내용을 가지고도 수업을 진행할 수 있는 특징을 갖고 있다.

책을 가지고 진행하면 'RND 독서디베이트'가 되는 것이며 역사를 소재로 하면 'RND 역사 디베이트', NIE, 영화, 포스터, 동영상 등 다양한 매체 자료를 가지고 진행하는 'RND 매체 디베이트', 교과목으로 하는 'RND 교과 디베이트' 등 어떠한 내용이라도 토론식 수업 전개가 가능한 것이 'RND 방식 토론 교육'이다. 따라서 'RND 방식 토론 교육'이란 새롭게 정립한 토론 교육 용어로서 교육의 현장에서 공식 용어로 사용하고자 한다.

RND 디베이트 토론식 학습법

RND 방식 1차시 / 독서토론

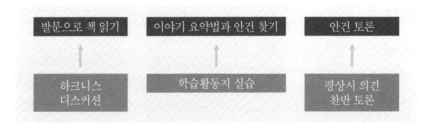

RND 방식 2차시 / 독서 디베이트

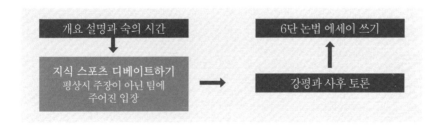

2. 토의, 토론 수업을 위한 교사의 질문과 발문법

1. 질문의 중요성

질문하는 것은 인류의 전통적인 진리 탐구와 교육의 수단이었다. 소크라테스 이래 동서양의 위대한 스승들이 모두 질문의 달인들이었다. 철없는 아이들은 끊임없이 질문을 한다.

"이거 뭐야?", "저거 뭐야?"

조금 크면 거의 모든 것의 근거와 이유를 묻는다.

"왜 그러는데?", "왜 그래야 돼?"

그러다가 세상이 자기의 뜻과는 별 무관하게 돌아간다는 사실을 깨달을 무렵부터 자연스럽게 질문하기를 잊기 시작한다. 그때에 'RND 토론식 학습법' 교육은 우리의 선천적인 질문 본능을 회복시키는 프로그램이다.

고정관념과 편견에 도전하고 변화를 도모하기 위해 우리는 의도적으로 질문해야 한다. 기존 지식의 진리성을 확인하고 새로운 지식을 학습하기 위해 질문한다. 내 경험을 검증하고 내 주변의 상황을 이해하기 위해 우리는 끊임없이 질문해야 한다. 질문 한마디가 주변 환경을 바꾸고 나의 삶을 바꿀 수도 있다.

우리는 질문을 받는 순간 대답을 찾기 시작한다. 대답을 찾기 위해 생각하게 되고 생각은 학습을 촉진한다. 이렇게 시작된 학습은 곧 변화를 의미한다.

훌륭한 리더는 지시 대신 질문을 한다. 질문하는 리더가 성과가 높다는 연구 결과가 있다. 질문하는 순간 대화나 관계의 중심이 질문을 받는 사람에게로 옮겨 간다. 질문을 받은 사람은 자율적으로 일하고 성찰을 통하여 바람직한 변화와 성장을 하게 된다.

질문은 우리의 생각을 정리하게 하고 우리가 고정관념에서 벗어나 새로운 관점을 가지게 한다. 우리의 머릿속에는 사람과 사물 현상에 대한 기본 가정이 있다. 이 기본 가정에 의해 특별한 사정이 없는 한 자동으로 대상을 지각하고 해석한다. 따라서 우리는 질문을 받지 않으면 고정관념이나 편견에 빠질 가능성에 항상 노출되어 있다.

토론식 학습 프로그램의 가장 중요한 점은 질문을 중시한다는 것이다. 디베이트 팀은 질문을 통하여 문제를 탐구하고 해결책을 찾아내며 예측된 결과를 깊이 생각하게 한다. 이는 질문을 통하여 구성원 상호 간에 학습을 하게 하며 질문하는 법을 배우는 것이 디베이트 교육의 주요 목표이다.

교사의 질문은 아이들의 생각에 호기심이란 자극을 주고, 아이들의 시각을 다변화 시켜주며, 아이들에게 탐구의 의지를 불러일으키는 것이 목적이다. 그러나 그중에 가장 좋은 질문은 관점을 바꾸게 하는 질문이다.

2. 교사의 질문법 예제

◯ 질문의 기술

질문 교육 1. 원인 찾기

"왜 이런 상황이 발생했을까? 이유가 무엇일까?"

질문 교육 2. 설명하기

"어디에 근거를 두고 있나요? 구체적인 예를 들어 보시겠어요?"

질문 교육 3. 다른 관점 찾아보기

토론은 반드시 다른 사람의 지식과 의견이 있어야만 한다.

1. "이것에 대하여 다른 생각을 갖고 있는 사람 있나요?"

2. "이 방법 말고 다른 방법은 없을까요?"

◯ 질문 교육

질문 교육 4. 비교 분석하기

1. "지금까지 나온 의견에서 공통점을 찾는다면 무엇일까요?"

2. "첫 번째와 두 번째 의견에서 서로 다른 점을 찾는다면?"

3. "같은 의견을 묶어서 나눈다면 어떤 이야기들로 나

눌 수 있을까요?"

질문 교육 5. 전체 개념 정리하기

1. "오늘의 주제가 던져주는 의미가 무엇일까요?"

2. "이런 주제가 나오게 된 배경은 무엇일까요?"

3. "지금까지 나온 이야기들을 둘로 나눈다면 무엇일

까요?"

질문 교육 6. 숨은 가치 찾아내기

1. "우리가 왜 이 주제를 가지고 토론한 것일까요?"

2. "이 주제에서 우리가 찾아야 할 적용점은 무엇일까

요?"

3. 질문의 종류

질문은 학생이 교사에게, 교사가 학생에게, 학생이 자신에게 하는 질문이 있다. 가장 초보적 질문이 학생이 교사에게 하는 것이다. 모르기에 묻는 질문이다. 다음으로는 교사가 학생에게 하는 질문으로 학생이 한 학습 내용에 대하여 사실 여부를 확인하기 위한 질문과 학생이 다양한 사고를 하도록 이끌어 주기 위한 질문이 있다. 보통 수업은 이 두 가지 질문으로 구성되어 있다. 하지만 가장 중요한 질문은 수업 전후에 이루어져야 한다. 즉 학생이 자율적으로 하는 예습과 복습 시간에 자신에게 질문을 던질 수 있어야 하는 것이다. 예습을 할 때에는 질문을 만들어 스스로에게 하고 이것이 해결되지 않을 때 학교에서 교사

에게 질문을 하는 것이 습관이 되어야 한다.

또한 복습 시간에 자신에게 던지는 질문은 학습의 폭과 넓이를 한층 더해 줄 것이며 무엇보다 자신이 배운 것을 제대로 알고 있는지 확인하는 시간이 된다. 즉 스스로 하는 메타 인지 학습이 이루어지는 것이 복습 시간의 질문이다.

이러한 질문에 대하여 조벽 교수(미시건 공과대학)는 EBS 다큐멘터리 〈최고의 교수〉에서 다음과 같이 사례를 들었다.

- 최하급 강의 – 교수가 질문하고 교수가 답하는 강의
- 조금 발전한 강의 – 교수가 질문하고 학생이 답하는 강의
- 바람직한 강의 – 학생이 질문하고 교수가 답하는 강의
- 최상급 강의 – 학생이 한 질문에 다른 학생이 답하도록 유도하는 강의

하크니스 토의, 토론 시간에 가장 중요한 것이 발문과 질문이다. 교사는 사전에 발문을 준비하여 책을 잘 읽었는지 확인하는 작업을 하크니스 디스커션 시간을 통해 진행하는 것이다. 그러면 자연스럽게 서로의 생각을 이야기하는 과정에서 다른 관점이 나올 수 있다. 이렇게 서로 다른 의견이 나오면 자연스럽게 토론의 주제에 대한 논제가 나올 수 있고, 논제를 가지고 찬반 토론을 진행하는 것이다. 이러한 디스커션 과정을 거치다 보면, 학생들은 스스로 자신의 생각에 어떤 한계점이 있는지 깨닫게 된다. 다른 학생들의 발언을 통해 새로운 가능성을 발견하게 되며 어느 방향에서 토론을 위한 자료를 찾아야 할지 리서치의 방향 또한 정립된다. 결과적으로 자신들이 읽은 책을 전체적으로 이해하게 되며

찾아낸 논제 속에서 어떠한 내용을 가지고 토론해야 할지 생각의 정리가 이루어지는 것이 하크니스 디스커션 수업의 특징이다.

하크니스 디스커션은 한마디로 '생각과 자료 정리'를 하는 시간이다. 그래야 다음 차시에 이루어질 독서디베이트의 내용을 한층 질적으로 향상시키게 되며 이렇게 독서디베이트를 경험한 학생들은 자신도 모르는 사이에 공부하는 요령을 터득하게 된다.

4. 하크니스의 토의, 토론을 위한 발문

가. 발문의 중요성

사고를 자극하고 학습을 촉진시키는 중요한 기능을 가지고 있으며 적절한 발문은 학생들의 창의력을 신장시키는데 도움을 주지만 적절하지 못한 발문은 사고를 단순화시키고 창의력을 저해하는 결과를 가져온다. 그러므로 학생들로 하여금 다양한 각도로 사고할 수 있도록 발문을 만드는 기술을 부단히 갈고 닦을 수 있도록 해야 한다.

나. 질문과 발문의 차이

• 질문 모르는 입장에 있는 사람이 아는 입장에 있는 사람을 향하여 던지는 물음으로 수업을 포함한 모든 일상생활에서 광범위하게 사용한다.

• 발문 교사가 학생을 향하여 던지는 물음으로 학습 내용을 확인하는 것에 목적이 있다.

다. 발문의 유형

재생적 발문	추론적 발문	적용적 발문
도입 낮은 수준 적용	전개 과정	정리
학습했던 내용이나 경험을 알아보기 위한 것으로 단순히 지식과 사실의 재생을 위한 발문	지식, 정보 등을 이용하여 비교, 대조, 분석, 종합해서 응답할 수 있게 하는 발문	지금까지 학습한 결과를 기반으로 하여 보다 확산적인 사고 활동을 촉진하는 발문
(예) 주인공의 이름은?	(예) 주인공이 지각한 것에 대해 어떻게 생각하나?	(예) 지각하는 습관을 고치기 위해 우리가 해야 할 일은 무엇인가?

라. 발문의 특징

발문은 학생들의 학습 준비 상황과 학습 내용을 진단하고 학습 동기를 유발시키며 학습의 장을 자극하고 학습 내용을 심화 발전시키며 수업의 질을 결정한다.

3. 책 읽기 점검을 위한 하크니스 디스커션

1. 특징

하크니스 테이블 토론은 미국의 명문 사립학교인 필립스 아카데미에서 시작된 것으로서 모둠별로 사회자가 발문을 가지고 진행하는 방법이다. 자연스럽게 대화를 하는 것 같은 분위기에서 발문을 듣고 자신의 생각을 말하도록 유도하는 방법이다. 하크니스식 토론을 하기 위해서는 먼저 책을 읽고 발문하는 일이다. 워크북 형태로 제작하면 더욱 더 친밀한 토의 토론으로 이어질 수 있다.

하크니스 디스커션은 원탁(Harkness table)토론과 이야기식 토의, 토론을 결합한 것으로 '한국디베이트코치협회'의 디스커션 방법을 명명한 것이다.

2. 토론 모형 양식

아래의 모형은 우리나라의 교육 현장에서 쓰이고 있는 이야기식 토의, 토론의 모형과 같지만 발문하는 방법에서 그 차이가 있다고 말할 수 있다.

가. 배경지식과 관련한 발문과 자신의 생각 적기

• 발문	• 자신의 생각

나. 작품 내용에 대한 발문(사실적, 추론적 발문)과 자신의 생각 적기

• 발문	• 자신의 생각

다. 작품 관련 사회현상에 관한 발문(적용적 발문)과 자신의 생각 적기

• 발문	• 자신의 생각

◯ 하크니스 디스커션

유래

미국의 부호 에드워드 하크니스가 모교인 필립스 아카데미에 새로운 학습법 개발을 위한 조건으로 거액을 기부하기로 하면서 개발된 학습 방법이다.

정의

• 학습자가 의욕을 갖고 자기 학습에 몰두한다.
• 다른 의견을 경청하고 존중하는 가운데 이루어지는 민주적이고 목표 지향적인 팀(Team) 학습 방법

특징

• 원형 배치/발언 기회를 균등/이야기하듯 자연스럽게 진행
• 사회자의 역할이 중요
• 존칭어 사용/시간 제한

발문과 하크니스 디스커션

사전 준비

- 배경지식과 관련한 발문과 자신의 생각 적기
- 작품 내용에 대한 발문과 자신의 생각 적기
- 작품과 관련된 삶이나 사회문제와 관련된 자신의 생각 적기

하크니스 디스커션 (발문을 통한 책 읽기, 사고력 확장하기)			
배경 발문	자세히 읽기	깊이 읽기	핵심 찾기
	텍스트 발문		
	재생적 발문	추론적 발문	적용적 발문

하크니스 토의 토론 진행

모둠 구성
- 교실
- 사회자 1명과 토론자:토론자의 발언 6~10인 1조 기회 균등하게 부여

발문과 발표
- 교사(사회자)가 직접 발문/토론자가 직접 발문
- 하나의 발문으로 3~4명 정도의 견해를 들음

진행
- 신청 순서로 발언권을 얻어 발언함
- 발언 도중 끼어들지 않도록/균등 기회
- 경청(종이에 기록)➡종료 후 회수 평가(참여도 측정)

3. 토론 진행

하크니스식 토의는 사회자가 발문을 이용해서 토론자의 생각을 듣고 발언이 미흡할 경우 연속적인 질문을 하여 토론자의 깊이 있는 생각을 알아보고자 하는 것이다. 모둠 구성은 편의대로 할 수 있다. 교실 같은 경우 6인 1조에서부터 12인 1조까지 할 수도 있다. 예를 들어 6인 1조로 진행할 경우 사회자는 토론 전체를 진행하는 동안, 사회자 외 5명의 토론자에게 발언 기회를 균등하게 배분할 필요가 있다. 따라서 체크하면서 진행해야 하는 중요한 역할을 담당한다.

가. 처음에는 교사가 직접 발문을 만들어 배부하고 발문하는 방식을 설명하면서 학생들의 창의적인 발문 능력을 기르도록 해야 한다. 양식에 따라 토론자 스스로 발문을 만들고 발문에 대한 자신의 반응(생각)을 적어 오도록 한다.

나. 사회자는 하나의 발문으로 3~4명 정도의 견해를 듣도록 한다. 따라서 3~4명의 견해를 들을 수 있는 발산적 열린 질문으로 만들어야 한다.

다. 발언 순서는 정해져 있지 않으므로 먼저 신청한 순으로 발언을 하게 한다. 어떤 경우가 되었든지 발언은 사회자로부터 발언권을 얻어 발언해야 하며, 다른 토론자의 발언 중에 끼어드는 일이 없도록 한다. 전체 토론 시간 동안 발언 기회는 균등하게 배분할 수 있도록 진행한다.

라. 워크북 외에 토론이 진행될 때는 빈 종이를 나누어 주고 반드시 경청하면서 요약정리할 수 있도록 해야 한다. 이는 발언자가 발언할 경우 다른 발언자들이 떠들지 못하도록 하는 효과는 물론 토론의 기본인 경청과 요약 훈련을 위한 것이다.

마. 워크북과 토론자의 발언 내용을 요약정리한 종이의 토론 기록지는 토론 후에 반드시 회수해서 평가해야 한다. 여기서 말하는 평가라는 의미는 점수화하는 것이 아니라 얼마나 적극적으로 토론에 참여했는지를 가늠하는 척도로 사용한다는 것이다.

바. 진행자는 발언자의 발언이 끝날 때 마다 요약, 정리하여 다른 토론자들의 이해를 도와주어야 한다.

4. 토의(토론) 진행 및 발언 방법

가. 발언하는 법

입사 시험에서 면접관이 가장 많이 떨어뜨리는 유형 중의 하나가 '말끝 흐리기'라는 보도를 접했다. 토의 시 발언 방법을 알려 말하기에 자신감을 가지게 하는 것이 우리가 해야 할 일이 아닌가 생각한다.

1) 발언을 시작하기 전에

안녕하십니까? 저는 ○○○입니다.(인사)

2) 발언 할 때

제가 생각하는 것은 ~입니다. 왜냐하면, ~이기 때문입니다. 예를 들면, ~자료에서 ~라고 했습니다. 따라서 저는 ~라고 생각합니다.

3) 끝낼 때

이상입니다.

4) 상대 토론자에게 질문할 때

토론자 ○○○입니다. 조금 전 ○○○ 토론자님께서 발언하신 내용 중에 ~
은 ~이기 때문에 모순이라고 생각해도 되겠습니까? 이상입니다.

나. 하크니스 토의, 토론 사회자 진행 시나리오

안녕하십니까? 오늘 사회를 보게 된 ○○○입니다. 오늘 대상 도서(영상 매
체) '~'를 읽고(보고) 많은 생각을 하셨을 것으로 짐작됩니다. 토의(토론)에서는
상대방의 말에 귀 기울여 듣는 것이 제일의 미덕으로 여깁니다. 상대방이 발언
할 때는, 발언 내용을 간략하게 메모하시기 바랍니다. 그러면 오늘 '~'에 대해
서 여러분들과 생각을 나누도록 하겠습니다.

방금 나누어 드린 기록지를 토론자의 인원 수 대로 분할해 주시기 바랍니다.
그리고 그 영역의 처음에 본인의 이름을 적으시고 나머지 영역에 순서대로 토
론자 명을 적어 주시기 바랍니다. 그리고 빈 영역에서는 토론자들의 발언을 요
약정리하시면 됩니다.

토론자 본인 소개를 사회자를 중심으로 오른쪽으로 돌아가면서 해 주시기
바랍니다. 토론자의 이름은 다른 토론자들께서 적어 주시기 바랍니다.

• 토론자 소개

다시 한 번 토론자 명을 확인하도록 하겠습니다.(확인)

오늘 토론할 내용은 '~'이라고 생각합니다. 그렇게 생각하는 이유는 '~'이라고 볼 수 있습니다. 지금부터 토론을 시작하도록 하겠습니다.

먼저 배경지식 활성화를 위한 발문을 드리겠습니다. 모든 발문에 대한 자신의 견해는 2분 이내로 발언하실 수 있습니다. 견해가 있으신 분은 먼저 손을 들어 의사표시를 해 주시기 바랍니다. 토론자의 발언의 순서는 정해져 있지 않습니다만, 모든 토론자에게 발언 기회는 균등하게 주어질 것입니다.

• 배경지식 발문

먼저 배경지식 발문에 대해 질문하겠습니다. ○○번 발문에 대해 어떻게 생각하시는지 말씀해 주세요. 어느 토론자께서 먼저 생각을 말씀해 주시겠습니까? (둘러본다) 없으시면 처음에는 제가 지명하도록 하겠습니다. 같은 질문으로 다른 토론자의 견해를 물었을 때, 침묵을 유지하거나 너무 동시에 많은 토론자께서 요청하시면 직전에 발언하신 토론자께서 지명해 주시면 고맙겠습니다.

네 모든 토론자 분께서 한 번씩은 발언하셨는데요, 이번에는 대상 도서(대상 매체)의 이해를 알아보는 순서로 넘어가도록 하겠습니다.

• 텍스트 관련 발문

먼저 이 책을 읽으면서(보면서) 가장 생각을 많이 하게 한 글귀(장면)를 얘기해 보도록 하겠습니다.

어느 토론자께서 먼저 생각을 말씀해 주시겠습니까?(둘러본다) 없으시면 제가 지명하도록 하겠습니다. 같은 질문으로 다른 토론자의 견해를 물었을 때, 침묵을 유지하거나 너무 동시에 많은 토론자께서 요청하시면 직전에 발언하신 토론자께서 지명해 주시면 고맙겠습니다.

네 모든 토론자께서 두 번씩은 발언하셨는데요, 이번에는 인간의 삶에 관련된 이야기를 나누는 순서로 넘어가도록 하겠습니다.

• 텍스트 외 인간의 삶과 관련된 발문

진행 내용은 앞의 것과 동일하다.

• 하크니스 토의, 토론을 마친 후

아주 유익한 토의(토론)였습니다. 모두 수고하셨습니다. 지금까지 여러 가지 내용으로 서로 다른 관점을 확인하셨으리라 생각합니다. 마지막으로 토론자들께서 이번 토론에 있어서 느낀 점을 말씀해 주시기 바랍니다. 가급적 2분 이내로 말씀해 주시기 바랍니다.

잘 들었습니다. 서로 격려의 박수로 토론을 마칠까 합니다. (짝짝짝). 수고하셨습니다.

5. 토론 참여자의 역할과 자세

토론 참여자는 사회자의 발문을 잘 듣고 자신의 생각을 주어진 시간 안에 논리적으로 말한다. 자신의 생각에 대한 근거 자료를 해당 도서에서 찾아 인용할 수 있으며 다른 자료를 부차적인 자료로 제시할 수 있다.

6. 하크니스 디스커션에서는 다음과 같은 약속을 한다.

가. 한 번에 한 가지씩 이야기하기

나. '예, 아니오'에 대한 이유를 말하기

다. 주제를 벗어나지 않기

라. 말하지 않는 사람에게 서로 질문하기

마. 다른 사람이 이야기하도록 허용하기

바. 책에 대한 이야기에 자신의 생각을 덧붙여 천천히 자세히 설명하기

사. 자신의 경험과 함께 자기의 생각을 천천히 자세히 설명하기

7. 하크니스 토의, 토론 좌석 배치도 : 원형에 가깝게, 시계 방향으로

🔘 **하크니스 디스커션 자리 배치**

4. 논제 만들기를 위한 이야기 요약법과 안건 찾기

1. 요약하기의 개념과 중요성

요약이란 '글에 들어 있는 중요한 생각을 간략하게 간추리는 활동', 또는 '글에 제시된 정보와 자신의 경험을 바탕으로 글의 내용을 압축하고 주제를 찾아내는 활동'으로 정의할 수 있다.

요약은 글의 이해 과정에서 반드시 해야 하는 활동이다. 요약하기는 글의 내용과 짜임을 분석하고 통합하여 이해하는 것과 관련된 종합적 행위이기 때문이다. 따라서 요약하기는 독서 지도에서 뿐 아니라 일상생활에서도 강조되어야 할 구체적 전략인 것이다.

보통 글을 쓰는 작가들은 먼저 개요를 작성한다. 이 개요란 글의 뼈대를 세워 놓은 것이다. 그 뒤에 살을 점점 붙여서 결국 하나의 작품을 완성하는데 독자가 작가의 글을 잘 이해하기 위해서는 작품의 뼈대가 무엇인지 잘 파악해야만 한다. 이 뼈대를 분명하게 파악하고 나면 전체의 내용을 이해하고 재구성하는 데 큰 도움이 되기 때문이다. 작품을 이해하고 해석하는 것과 마찬가지로 교실 수업 상황에서도 이러한 것들이 필요하다. 독서디베이트에서는 무엇보다 책의 구조와 내용을 잘 파악해야 한다. 그러기 위해서는 책 내용의 뼈대를 잘 파악하여 주어진 텍스트 내용을 잘 요약하는 훈련이 학생들에게 반드시 필요하다. 이러한 필요로 인해 아이들에게 동화책을 중심으로 요약을 지도할 수 있는 '이야기 요약법'이란 지도 방법을 소개하고자 한다.

학교 교육 현장에서 독서 지도나 국어 수업 시, 텍스트를 읽게 한 뒤, 내용을 더 잘 이해할 수 있게 하기 위해 교사가 어떤 활동을 시키는 지에 대한 조사 자료를 보면 다음과 같다.

교사들은 마인드 맵, 실제 경험 이야기하기, 중심 단어 찾기, 소리 내어 읽기, 문단 나누기, 사전을 이용한 뜻 조사, 역할극, 이해한 내용 발표하기, 그림으로 그리고 상황에 맞는 글쓰기, 교사에게 다시 이야기하기 등의 다양한 활동을 시키는 것으로 나타났다.

이러한 활동들 거의가 내용을 파악하기 위해 요약하기를 포함하고 있거나 요약을 위한 준비 활동들이다.

이렇듯 교사들은 '요약'에 대한 중요도를 충분히 인지하고는 있으나, 그것이 집중 또는 일관된 훈련 방법을 갖고 있기 보다는 막연한 활동을 하고 있다는 분석을 하게 된다. 교육 방법론은 다양한 것도 좋지만 좀 더 탁월한 방법을 선택하여 필요한 기능을 훈련하는 것도 중요하다. 따라서 독서디베이트 수업에서는 '이야기 요약법'이란 단순하지만 뛰어나고 효과적인 요약 방법을 제시하여 요약 기능의 훈련을 돕고자 한다.

2. 요약에 대한 이론

브라운과 레이(Brown & Lay)의 요약 규칙

가. 사소하거나 불필요한 내용은 삭제한다.

나. 중요한 내용이더라도 반복되는 내용은 삭제한다.

다. 항목들의 목록들은 가능하면 상위어로 대치한다.

라. 행동의 하위 요소의 목록 대신 포괄적 행동으로 대치한다.

마. 주제문의 선택 : 글 속에 주제문에 해당하는 내용이 있을 때는 이를 선택
　　한다.

바. 마땅한 주제문이 글 속에 없을 때는 스스로 창출한다.

요약 훈련의 중요성

말이나 글의 중심 내용만을 간추려 정리

말이나 글의 중심 내용 파악에 필요

축약과 요약의 차이점

• 요약 ➡ 의미는 변하지 않게 자신의 말로 간추려 정리

• 축약 ➡ 있는 단어와 문장을 사용, 줄여서 간략하게 함

3. 요약과 축약의 예시

김정호는 어려서부터 자기 고장의 지도를 만들고 싶었습니다. 어른이 되어서도 김정호의 정열은 변함없어 지도 그리는 일이 삶의 전부였습니다. 그는 그 이전까지의 지도들이 가진 여러 가지 문제점을 보완하고 새로이 고쳐서 1834년에 통일된 우리나라 지도인 '청구도'를 완성했습니다. 그의 나이 서른 살 무렵입니다.

1856년에는 '동여도'라는 지도를 완성했습니다. 청구도처럼 이 지도 역시 종이에 그려서 만든 것이라 여러 곳에서 사용하려면 일일이 붓으로 베껴야만 했습니다. 이러한 작업은 매우 힘들었지만 많은 백성이 보아야 제 땅을 지키고 사랑할 수 있다고 생각했습니다. 그래서 그는 정확한 지도를 대량으로 생산하기 위하여 목판에 지도를 새기기로 결심했습니다.

1861년, 마침내 그는 오랜 고생 끝에 '대동여지도'를 완성했습니다. 가로가 43센티미터, 세로가 32센티미터인 목판 앞뒷면에 126장을 새겼습니다. 그 목판을 종이에 찍어 이어 놓으면 그 높이가 이 층 건물보다 높은 6미터 60센티미터나 됩니다.

- 축약 김정호는 어려서부터 자기 고장의 지도를 만들고 싶었습니다. 1834년에 통일된 우리나라 지도인 '청구도'를 완성했습니다. 1856년에는 '동여도'라는 지도를 완성했습니다. 1861년, 마침내 그는 오랜 고생 끝에 '대동여지도'를 완성했습니다.

- 요약 김정호는 지도 만드는 일에 평생을 바쳤으며 '청구도'와 '동여도'를 만들었고, 1861년에 마침내 '대동여지도'를 완성했습니다.

4. 효과적인 요약하기 '이야기 요약법'

보통 소설이나 동화의 전개는 사건을 중심으로 펼쳐지지만 '이야기 요약법'에서의 전개는 인물을 중심으로 펼쳐진다.

이야기 요약법

이야기 요약법에 따라 내용을 요약하면 줄거리를 정확히 알 수 있고 핵심 내용과 토론의 안건 파악도 용이하다.

이야기 요약법의 순서	
1. 주인공	이야기에 나오는 주요 인물은 누구인가?
2. 상황	이야기에는 지금 어떤 일이 벌어지고 있는가?
3. 동기	주인공이 그 일을 하게 된 동기는 무엇인가?
4. 행동	주인공은 어떤 일을 하게 되었는가?
5. 방해	주인공이 하려는 일에 누구의 방해가 있었는가?
6. 결과	결국, 이야기는 어떻게 끝나게 되었는가?

다음은 『내 짝궁 최영대』로 이야기 요약법의 예를 든 것이다.

5. 이야기 요약 실제

	내 짝꿍 최영대
1. 주인공	이야기에 나오는 주요 인물은 누구인가? **최영대**
2. 상황	이야기에는 지금 어떤 일이 벌어지고 있는가? 같은 반 친구들이 영대를 괴롭히고 왕따를 시키고 있다.
3. 동기	주인공이 그 일을 하게 된 동기는 무엇인가? 시골에서 전학을 왔는데 말도 못하고 지저분하다.
4. 행동	주인공은 어떤 일을 하게 되었는가? 친구들이 괴롭혀도 당하기만 하고 울지도, 웃지도, 말도 안했다.
5. 방해	주인공이 하려는 일에 누구의 방해가 있었는가? 경주로 여행 간 날 반 친구들이 영대를 울렸다.
6. 결과	결국, 이야기는 어떻게 끝나게 되었는가? 반 친구들이 영대에게 미안해하며 친구가 되었다.

『친구』

요사이 김민기는 PC 방에 가지 않는다. 아빠 엄마와 집에 있는 컴퓨터로 학습에 도움이 되는 프로그램만을 사용하겠다고 약속을 했기 때문이다.

부모님 말씀을 잘 따르는 민기는 그래서 요사이 PC 방에 놀러 가지 않고 있다. 그런데 오늘 학교를 마치고 나오는 길에 박재원이 민기와 함께 걸으면서 말했다.

"민기야, 지금 나 PC 방에 놀러 가는데 너도 같이 가자."

"PC 방에? 왜?"

민기는 평소에 별로 친하지도 않던 박재원이 같이 놀러 가자는 말에 냉정히 "안 간다!"고 하기가 싫었다.

"왜는 왜니? 너하고 친해지고 싶어서 그러는 거지!"

민기의 입에서는 그러자는 응답이 자기도 모르게 튀어나오고 말았다.

"그러지 뭐. 같이 갔다가 난 조금만 있을게."

그러나 PC 방에서는 사정이 달라졌다. 약 10분 후에 민기가 나오려 했더니 박재원이, "왜 그러느냐?"면서 같이 놀자고 붙들었다. 그럴 때마다 어쩔 수 없이 다시 컴퓨터 앞에 앉기를 여러 차례 해서 결국, 민기는 PC 방에서 거의 두 시간을 보내고 말았다.

무거운 발걸음으로 집을 향하는 민기는 걱정이 되었다. 왜냐하면 엄마 아빠가 어디에 갔었느냐고 물으면 어떻게 PC 방에 갔었다고 말할 수 있겠는가? 그렇다고 해서 부모님께 거짓말을 하기도 싫었다. 민기는 심히 괴로웠다.

- 주인공 김민기
- 상 황 PC 방에 다니지 않기로 했는데, 박재원이 친해지자면서 같이 가자고 했다.
- 동 기 따라가서 조금 놀기로 했다.
- 행 동 10분 후 나가려고 했다.
- 방 해 박재민이 계속 붙들었다.
- 결 말 PC 방에서 2시간 동안 있었다.

5. 디베이트를 마친 후, 6단 논법으로 에세이 쓰기

1. 실용 논리 6단 논법이란?

실용적으로 논리적 사고를 유도하는데 있으며 6단 논법은 사고를 하는데 사용되는 방법이다.

• 6단 논법은 왜 배우는가?

'언어 사고력'을 키우기 위해서이다. 다시 말해서 생각하는 방법을 알기 위해서이다. 6단 논법으로 글을 쓰면 '논술'이 되고 그것을 다시 말로 하면 '토론'이 된다.

• 누가 만들었는가?

1958년 스티븐 톨민이 영국 캠브리지대학 박사 학위 논문 「논술의 활용」에서 발표했으며 실용 논리 모형에는 모두 여섯 가지의 요소가 들어 있다고 했다. 하지만 그의 논문은 영국에서 전통 논리에 반발했다고 학계의 지탄의 대상이 되었다. 그러나 30여 년이 지난 후 톨민은 1990년 미국 토론 학회가 인정하는 토론 분야 상을 받았다.

그 후 토론과 논술 교과서에는 톨민의 모델이 등장하게 되었으며 국제 토

론 챔피언 대회에서 쓰이게 되었다. 이 이론을 포항공대 인문사회학부 교수 김병원 박사가 우리나라에 소개했다.

• 6단 논법 순서는?

안건 – 결론 – 이유 – 설명 – 반론 꺾기 – 정리

이 전개 순서는 목적과 상황에 따라 얼마든지 다양한 형태로 바꿀 수 있으며 또 어떤 부분은 생략할 수도 있다.

• 6단 논법의 쓰임은?

이 사고 모형은 어떤 안건에 대한 토론에만 필요한 것이 아니고 좋은 글을 읽을 때에나 좋은 글을 쓸 때에도 필요하다.

2. 6단 논법은 어떻게 하는가?

• 1단계 – 안건(논제)

어떤 상황이 일어난 상태로 여기서는 하나의 '안건'이라고 부른다. 주제 속에서 안건을 정하며 안건은 찬성과 반대가 서로 맞설 수 있는 것으로 정한다. 따라서 찬성과 반대가 있기만 하면 된다.

예) 자리는 선생님이 정하는 대로 앉는 것이 좋은가?

• 2단계 – 결론

'찬성이냐', '반대냐' 자기가 내리고 싶은 결론을 먼저 내린다.

예) 나는 그 안건에 찬성한다.

• 3단계 – 이유

2단계에서 결정한 '결론'에 대한 '이유'를 말한다. '왜?'를 여러 번 물어서 그 이유가 옳은 이유인가를 다시 물어서 숨은 이유를 찾아낸다. 이유는 안 건과 관계가 있어야 하며(상관관계) 여러 가지 많은 것을 다 포함하는 '큰 생각'이어야 한다. 그래야 설명을 잘할 수 있게 된다. 토론에서 가장 중요한 핵심이다.

예) 그 이유는 ~하기 때문이다.

• 4단계 – 설명

'이유'에 대한 설명을 하는 것이다. 이유에 대한 옳고 그름을 생각하는 제 2의 '왜?'를 묻는 과정이 '설명'이다.

＊**설명 방법** – 실험 결과, 실증적인 것, 통계 인용(신문 보도, 백과사전, 인터넷, 누 가 말한 것 등), 어떤 신념, 비교, 비유, 경험, 예를 들기도 한다.

• 5단계 – 반론 꺾기

반대 측에서 말하는 '이유'를 미리 예상하여 꺾어 버리는 것을 말한다. 즉 반대 의견(반론)이 있을 것이라고 미리 예상하는 것이다.

예) 물론 ~할 수도 있지만 ~하다. 그렇게 생각할 수도 있지만,

• 6단계 – 예외를 포함한 정리

어떤 일이든 절대적이지 않고 '예외'가 있는데 그 예외를 말하면서 자기의
주장을 확실히 하는 것이다.

예) ~를 하지 않는 한, ~에 달려 있지만,

＊미신 중에는 인정해야 할 것도 있을 수 있다. 그것은 사람의 마음에서 우
러나오는 미신일 것이다.

3. 6단 논법으로 글쓰기 예제

다음은 『우아한 거짓말』이란 소설책으로 쓴 6단 논법의 예제이다.

• 안건 천지의 자살은 주변 사람들의 책임이다.

• 결론 반대입니다.

• 이유 자신의 책임이 크다고 생각합니다.

• 설명 어떤 일이 있더라도 그것을 받아들이는 것은 본인의 마음과 책임이
크며 모든 것은 자신이 선택하기 때문입니다.

• 반론 꺾기 화연이나 가족들의 책임이 크다고 할 수 있을 것 입니다. 그렇
지만 친구가 괴롭히고 가족이 이해하지 못해도, 자기 자신을 사랑하고 스
스로 존중해야 했습니다.

• 예외를 포함한 정리 세상을 살다 보면 죽고 싶을 만큼 힘들고 고통스러울
때가 있을 수 있습니다. 하지만 그럴 때 마다 그것을 극복하지 못하고 자
기 자신을 함부로 내던진다면 생명의 존엄성은 필요하지 않을 것입니다.

위에서 언급했던 6단 논법을 글로 쓰면 다음과 같습니다.

1) 오늘 우리가 디베이트 할 주제는 '천지의 자살은 주변 사람들의 책임이다.'
   입니다.
   <u>(안건)</u>

2) 이 주제에 대해 저는 (찬성, 반대) 입니다.
   (결론)

3) 왜냐하면 천지의 자살은 자신의 책임이 가장 크다고 생각하기 때문입니다.
   (이유)

4) 그것은 어떤 일이 있더라도 그것을 받아들이는 것은 본인의 마음과 책임이
   가장 크기 때문입니다.
   (설명)

5) 물론 반대하는 입장에서는 화연이나 가족들의 책임이 크다고 할 수 있을
   것입니다. 그렇지만 친구가 괴롭히고 가족이 이해하지 못해도, 자기 자신
   은 자신이 스스로 지켜야 하기 때문입니다. 그보다는 주변 사람들에게 도
   움을 요청하거나 자신의 마음을 솔직하게 보여주었어야 한다고 생각합니
   다.
   (반론 꺾기)

6) 하지만, 천지가 너무 힘들어서 죽을 생각을 했을 수도 있을 것입니다. 그것
   은 누구나 한 번씩 느꼈을 감정일 수가 있습니다. 그렇지만 천지가 자신의
   마음을 솔직하게 털어놓고 도움을 요청했다면, 가족들은 도움을 주었을 것
   이고, 천지도 자살을 선택하지는 않았을 것입니다.
   (예외를 포함한 정리)

6. RND 독서디베이트를 위한 주요 실습 순서

제시문 : 말과 당나귀

말과 당나귀를 함께 기르는 아저씨가 있었는데, 어느 날 말과 당나귀 등에 각기 짐을 똑같이 나누어 얹고 먼 길을 떠났다. 말은 크고 힘도 세지만, 당나귀는 몸집도 작고 힘도 별로 없었다. 그래서 말은 자기의 짐을 힘 안 들이고 지고 갈 수 있었지만, 당나귀는 그 짐이 너무나 힘에 겨웠다. 그래서 당나귀가 말에게 부탁했다.

"나는 짐이 너무 무거우니, 나를 좀 도와다오."

"내가 널 어떻게 돕는 단 말이야?"

"내 짐을 좀 덜어가 다오."

"무슨 얌체 같은 소리! 똑같이 나누어지고 가는데 뭘 그래? 나도 짐이 무겁다고."

말은 자기가 편한 것이 중요했다. 그리고 주인이 짐을 똑같이 나누어 주었으므로, 주인이 시킨 대로 해야 한다고 생각했다. 그래서 당나귀의 부탁을 들어줄 수가 없었다. 짐이 너무 무거워서 당나귀는 제대로 걷지도 못하고 뒤처져서 겨우 따라오고 있었다.

"아무래도 난 더 못 가겠으니, 짐을 조금만 덜어 다오." 당나귀가 다시 애원 했다.

"정말. 그렇게 무거우면 주인에게 말을 해야지!" 말은 당나귀의 애원을 들어주지 않았다. 그래서 그렇게 얼마 동안을 가다가 급기야는 당나귀가 짐에 눌려서 숨을 거두고 말았다.

주인은 당황했다. '당나귀를 잃었으니 이를 어쩌나!' 다른 방법이 없었으므로 주인은 당나귀 등에 얹었던 짐을 모두 말의 등에 옮겨 얹었다. 그리고 죽은 당나귀는 내버려 두고 계속해서 길을 재촉하였다.

"아니고 내 팔자야! 그 놈의 당나귀 때문이야! 죽기는 왜 죽노? 그 짐을 몽땅 다 내 등에 얹고 가야 하니 이젠 내 등이 부러지겠구나!"

▶ 이야기 요약하기 예제

• 주인공 말

• 상   황 당나귀와 말이 똑같이 짐을 지고 가는데, 당나귀가 자기 짐을 좀 덜어 달라고 말에게 부탁한다.

• 동   기 자기만 편하려고 했다.

• 행   동 당나귀의 부탁을 못들은 체했다.

• 방   해 당나귀가 죽었다.

• 결   말 말이 당나귀의 짐을 다 떠맡아 지고 가야 했다.

▶ 발문 만들기

• 배경지식에 관련된 발문

  1. 당나귀 하면 떠오르는 생각을 이야기해 보세요.

2. 남의 부탁을 거절해 본 경험이 있나요? 있다면 언제였고 그때의 기분에 대해 이야기해 보세요.

• 텍스트에 관련된 발문 – 사실적, 추론적 발문

1. 당나귀가 말에게 부탁한 것은 무엇이었는지 이야기해 보세요.

2. 죽은 당나귀를 그냥 버리고 가 버린 주인의 행동에 대해 어떻게 생각하나요? 자신의 생각을 이야기해 보세요.

• 텍스트 외 인간의 삶이나 사회문제와 관련한 질문 – 적용적 발문

1. 우리 사회에서 말과 당나귀의 예화처럼 자신만 편하려고 남의 고통을 못 본 체한 이기적인 사람들은 누구이며, 그런 사람들을 보면 어떤 생각이 드는지 자신의 생각을 이야기해 보세요.

2. 서로 돕고 어울려 살기 좋은 사회를 만들기 위해 우리가 해야 할 일은 무엇일까요? 자신의 생각을 이야기해 보세요.

• 찾아낸 안건 ① 말은 당나귀의 짐을 나눠서 져야 했다.

② 강자는 약자를 무조건 보호해야 한다.

▶ 6단 논법으로 글쓰기

• 안건 말은 당나귀의 짐을 나눠서 져야 했다.

• 결론 찬성입니다.

• 이유 어려운 일은 서로 도와야 하기 때문입니다.

• 설명 세상을 살다보면 누구든지 어려운 일을 당할 수 있습니다. 예를 들어 내가 말과 같이 당나귀의 입장에 있는 사람들을 돌보지 않았을 경우 언젠

가는 나도 당나귀 같은 입장이 될 수 있습니다. 예화에서 말은 자신의 편안함만 생각하고 당나귀의 부탁을 들어주지 않아 당나귀가 죽었을 뿐만 아니라 자신이 당나귀의 짐까지 모두 지게 되는 결과를 가져왔습니다.

• 반론 꺾기 물론 반대하는 입장에서는 자기 짐도 무거운데 당나귀의 짐까지 나누어 질 힘이 없다고 할 수 있습니다. 하지만 말은 당나귀보다 힘이 더 세기에 조금이라도 짐을 나누어 질 수 있습니다. 만약에 말이 당나귀의 부탁을 들어 주었다면 당나귀는 용기를 얻고 짐이 가벼워져서 죽지 않았을 것입니다.

• 정리(결론) 말과 당나귀에게 똑같이 짐을 지게 하는 것은 형편성에 입각한 배분 같지만 조금 더 생각하면 양 동물 간의 신체적 또는 생리적인 특성을 고려하지 않은 불균등한 배분이라고 할 수 있습니다. 그러므로 말은 당나귀의 짐을 나눠져야 합니다.

7. RND 방식 독서디베이트 수업 예제

박완서 작가의 어린이 동화 단편 모음집

▶ 자전거 도둑

- 대상 5~6학년
- 출판사 다림
- 지은이 박완서
- 관련교과 6-1학기 국어(읽기)
- 학습목표 살면서 올바른 가치관을 지니는 것이 왜 중요한지 알아본다.
- 관련도서 『우리들의 일그러진 영웅』이문열/다림

　　　　　　　『개를 훔치는 완벽한 방법』바바라 오코너 지음/신선해 옮김/놀

- 이 책을 간단히 소개하면 자기 내부에 도사린 부도덕성을 견제해 줄 수 있는 진정한 어른이 있는 고향을 향해 짐을 싸는 수남이의 모습과, 시골의 살아 있는 자연의 모습을 보여줌으로써 도시의 아이들에 대한 앙갚음을 대신하려는 의젓한 한뫼의 모습과, 고통을 아름다움으로 바꾸는 법을 알아낸 자연을 닮은 촌장의 마음만은 훼손되지 않음을 보여준다.(출처:교보문고)

1. '행복'하면 떠오르는 생각을 이야기해 보세요.

2. 행복의 기준은 무엇일까요?

　자신이 행복했을 때를 떠올려 이야기해 보세요.

3. 여러분은 '세 살 버릇 여든까지 간다'라는 속담을 알고 있나요? 알고 있다
면 이 속담의 뜻은 무엇인지 이야기해 보세요.

----

1. 『자전거 도둑』에서 수남이가 저녁에 일을 마치고 공부해야겠다고 결심한 이유는 무엇 때문인지 이야기해 보세요.

2. 『자전거 도둑』에서 수금을 마치고 돌아가려는 수남이에게 생긴 일은 무엇 인지 이야기해 보세요.

3. 『자전거 도둑』에서 야학에 가려는 꿈을 가지고 있던 수남이가 시골로 내 려간 이유는 무엇인가요? 이야기해 보세요.

발문으로 책 읽기/추론적 발문/ –

발문으로 책 읽기/적용적 발문/ –

토의·토론하기

1. 우리 눈에는 보이지 않지만 잃어버려서는 안 되는 것들이 있습니다. 우리들의 삶에 없어서는 안 되는 것들이 무엇이 있는지 서로의 생각을 이야기해 보세요.

2. 수남이와 승용차 주인의 모습을 지켜보던 구경꾼들은 수남이에게 도망치라고 부추겼어요. 만약 여러분이었다면 어떤 행동을 했을까요? 이야기해 보세요.

3. 수남이가 일하는 자전거 가게의 주인 영감은 수남이가 도망쳐 온 것에 대해 잘했다고 칭찬을 해 주었습니다. 여러분은 이런 주인 영감의 태도에 대해 어떻게 생각하나요? 여러분의 의견을 이야기해 보세요.

```
-----------------------------------------------------------
-----------------------------------------------------------
-----------------------------------------------------------
-----------------------------------------------------------
```

4. 『자전거 도둑』에서 수남이는 자신의 자전거를 가져왔음에도 불구하고 자신이 마치 도둑질을 한 것처럼 죄책감을 느낍니다. 수남이의 행동을 어떻게 생각하나요?

• 수남이의 행동은 정당한 것이다.

이유:
```
-----------------------------------------------------------
-----------------------------------------------------------
-----------------------------------------------------------
```

• 수남이의 행동은 정당하지 않다.

이유:
```
-----------------------------------------------------------
-----------------------------------------------------------
-----------------------------------------------------------
```

 Book Debate

 이야기 요약법

이야기 요약법을 통해 『자전거 도둑』의 전체적인 줄거리를 이해하고 각자 찾아낸 안건에 대해 이야기해 보세요.

이야기 요약법

이야기 주인공은 누구인가요?	
주인공은 어떤 상황에 놓여 있나요?	
그런 행동을 한 동기는 무엇인가요?	
주인공은 어떤 행동을 했나요?	
주인공의 행동을 방해하는 요인은 무엇인가요?	
결과는 어떻게 되었나요?	

• 찾아낸 안건: ①

②

③

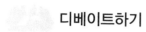 **디베이트하기**

다음의 논점에 대해 자신의 입장을 정하고 근거를 제시해 봅시다.

논제	수남이가 자전거를 가지고 온 행동은 비난받아야 한다.	
논의 배경	수남은 수리비 5,000원을 내는 대신 자전거를 들고 도망감으로써 자전거를 훔친 꼴이 되었습니다. 과연 수남이가 자전거를 들고 도망간 것은 바른 행동이었을까요? 아니면, 수남이가 고의나 실수로 차를 망가뜨린 것이 아닌데도 수남이는 그 책임을 져야 하는 것일까요? 문제를 바라보는 시선은 각자의 가치관에 따라 다를 수 있습니다.	
용어 정리		

논점		찬성 측	반대 측
논점 1	주장		
	근거		
논점 1	주장		
	근거		
논점 1	주장		
	근거		

사후 토론

• 디베이트 하기 전에 나의 생각은 어떠했나요?

• 디베이트 한 후 나의 생각은 어떻게 바뀌었나요?

• 생각이 바뀐 까닭은 무엇인가요?

에세이 쓰기

6단 논법을 활용해 디베이트 한 결과에 대해 자신의 입장을 글로 써 보세요.

1. 오늘 우리가 디베이트 할 주제는 ＿＿＿＿＿＿＿＿＿＿＿＿ 입니다.

2. 이 주제에 대해 저는 (찬성/반대) 합니다.

3. 왜냐하면 ＿＿＿＿＿＿＿＿＿＿＿＿＿＿＿＿＿＿＿＿＿＿＿＿＿

＿＿＿＿＿＿＿＿＿＿＿＿＿＿＿＿＿＿＿＿＿＿＿＿＿＿＿＿＿＿＿

＿＿＿＿＿＿＿＿＿＿＿＿＿＿＿＿＿＿＿ 때문입니다.

4. 그것은 ＿＿＿＿＿＿＿＿＿＿＿＿＿＿＿＿＿ 입니다.

5. 물론 반대하는 입장에서는 ＿＿＿＿＿＿＿＿＿＿＿＿＿＿＿＿

할 수 있을 것입니다. 그렇지만 ＿＿＿＿＿＿＿＿＿＿＿＿＿＿＿

＿＿＿＿＿＿＿＿＿＿＿＿ 하기 때문에 ＿＿＿＿＿＿＿＿＿＿ 보다는

＿＿＿＿＿＿＿＿＿＿＿＿＿＿＿＿＿＿＿ 라고 생각합니다.

6. 하지만 만약, ＿＿＿＿＿＿＿＿＿＿＿＿＿＿＿ 할 수 있다면

＿＿＿＿＿＿＿＿＿＿＿＿＿＿＿＿＿＿＿＿＿＿＿＿ 것입니다.

8. 독서디베이트에서 교사의 강평

독서디베이트는 시사나 정책에 관련된 논제를 가지고 디베이트하는 것보다
지도하기가 어렵다. 시사나 정책 논제는 사건에 대한 사실이 분명하다. 그러나
독서디베이트는 작가의 상상력에서 출발한 문학작품으로 디베이트하는 것이
기 때문에 책 자체에서 사실을 찾아보기 힘들다. 특히 문학작품에서는 주로 다
루어지는 것이 삶의 가치에 관한 내용이다 보니 논제가 대부분 '가치 논제'로
귀결된다.

혹시 비문학 작품이라 하더라도 책 속에는 작가의 집필 의도가 강하게 담겨
있다. 따라서 그러한 책에서 발췌한 논제는 한쪽으로 기울어지는 현상이 일어
날 수밖에 없다.

그럼에도 불구하고 우리는 시사에서 가져온 '정책 논제'보다 책에서 뽑은
'가치 논제'들을 더 선호한다. 특히 독서디베이트는 의도적으로 책 속의 가치
논제를 가지고 디베이트하는 것에 초점을 맞추었다.

우리나라에서 디베이트 교육을 하는 그룹들 중에는 가치 논제를 다루기를
기피하는 현상이 있다. 가치 논제는 찬반 토론의 형태에서는 균형이 맞지 않는
경우가 많다는 것이 그 이유이다.

그럼에도 불구하고 우리가 독서디베이트를 해야 하는 이유는 철학적 가치관

교육에 있어서 매우 중요한 수단이기 때문이다. 다만 찬성과 반대의 입장으로 나누어 토론을 해야 하는 디베이트의 특성상 가치 논제의 위험적 요소를 해결하는데 있어서 지도 교사의 역할이 그만큼 중요한 것이다.

독서디베이트에서 교사의 역할은 디베이트의 기능적 요소를 지도하기보다 독서디베이트를 마친 후 강평과 사후 토론에 더 큰 비중이 있다. 여기에서 디베이트의 기능적 강평 기법은 생략하고 독서디베이트에 꼭 필요한 교사의 역할을 말하고자 한다.

◉ 토론 내용이 기초적 평가

주장에 대한 이유가 얼마나 구체적이고 타당한가?
이유에 대한 설명이 얼마나 설득력이 있는가?
1. 문장과 단어의 사용이 바르게 되었나?
2. 내용과 표현의 앞뒤가 잘 연결되어 있는가?
3. 의견이 아니라 사실임을 드러내고 있는가?
4. 지나친 일반화의 오류를 범하고 있지 않는가?
5. 편견과 고정관념에서 탈피하고 있는가?

1. 디베이트 내용 평가

가. 입론

1) 주요 용어에 대해 정의와 범위를 바르게 내렸는가?
2) 주제에 대한 쟁점은 잘 설명되었는가?
3) 주장에 대한 타당한 근거가 뒷받침되었는가?

전체 주장의 흐름에서 논제 분석이 잘 되었는가 하는 부분을 살펴보아야 한다. 논제 분석의 질적 평가는 논점을 보면 드러난다. 4장에서 언급한 논제 분석의 기법에 따라 타당하며 강력한 논점을 잘 만들어 냈는지를 보아야 한다.

특히 논점을 세우는데 있어서 책 내용이 토대가 되기에 사실적인 논점이기보다는 의견에 가까운 논점이 많이 제시된다. 따라서 그 후에 어떻게 논거를 가지고 논점을 뒷받침하는 지를 살펴보아야 한다.

나. 반론

1) 상대의 입론에서 제기된 주장에 대해 정확히 분석하고 있는가?

2) 자기 팀의 주장이 반증되는 효과를 잘 가져왔는가?

3) 상대 팀의 논거를 잘 분석하여 출처와 객관성 등을 잘 지적하고 있는가?

다. 교차 질의

1) 질문의 시간과 길이는 적당한가?

2) 상대방의 논리의 허점을 잘 지적하였는가?

3) 답변을 논리적으로 하였는가?

라. 재반론

1) 핵심 쟁점을 잘 찾아 대립각을 세웠는가?

2) 상대의 약점과 자기 팀의 강점을 잘 드러냈는가?

마. 최종 변론

1) 자기 팀의 주장을 하나로 잘 정리했는가?

2) 청중의 입장에서 손을 들어 줄 만한가?

◯ **평가 기준 : 토론의 역량 + 토론 정신**

비판적 사고력

1. 의견 제시와 입증 책임
2. 입증을 요구하는 반론, 질의
3. 듣기 능력과 분석력

참여하기
경청하기
근거중시
열린마음

창의력

1. 논제의 입체적 분석력
2. 참신한 주장 만들기
3. 대안을 제시하는 능력

공동체 정신

1. 상대 팀의 의견을 존중하고 경청하는 태도
2. 숙의 시간에 협력하는 것과 서로의 발언에 도움을 주는 모습
3. 한 사람의 능력에 의지하지 않고 팀원이 골고루 참여하는 모습

2. 강평과 시상 방법

디베이트가 끝나면 강평을 한다. 디베이트 대회에서는 승패의 판정이 무엇보다 중요하지만, 독서디베이 수업에서는 강평이 중요하다.

강평은 디베이터가 잘한 점과 못한 점을 모두 지적하는 것이지만 그중에 더 중요한 것은 잘한 점을 지적하는 것, 즉 칭찬이 더 중요하다. 디베이트는 학생

들로 하여금 학습활동과 친해지게 하는 가장 접근성이 좋은 학습으로 계속 디베이트를 하고 싶은 의욕을 남기는 것이 필요하기에 칭찬의 효과를 통해 끈을 이어 가야 하기 때문이다.

그러므로 개선해야 할 점은 지적보다 칭찬을 항상 먼저 해야 한다. 또 칭찬을 많이 하고 지적은 적게 해야 한다. 칭찬만 하고 지적은 하지 않아도 된다. 왜냐하면 지적은 하지 않아도 스스로 이미 알고 있는 경우가 대부분이다.

칭찬은 개인에 대해서 구체적으로 하며 지적은 전체에 대해서 한다. 디베이터들은 칭찬을 들으면서도 그것이 자신에 대한 것인지 아닌지를 섬세하게 파악한다. 따라서 자신에 대한 칭찬이 없으면 그것이 자신에 대한 질책이라는 것도 알아차린다. 물론 질책을 알아차리지 못하더라도 칭찬은 효용성이 있는 것이다.

개인별로 잘한 점을 구체적으로 짚어서 상을 주는 것도 좋은 방법이다. 상은 칭찬을 위한 것이므로 부상은 도서 상품권이나 과자, 사탕 등 아주 가벼운 것이어도 좋다. 부상이나 상장 없이 이름만 있는 상도 괜찮다.

교실 수업에서 디베이트 수업은 발언자 모두에게 상을 부여하는 것이 바람직하다.

상의 종류를 예를 들면

- 리서치상 : %까지 조사한 구체적 수치를 댈 경우
- 스피치상 : 원고를 보고 읽은 것이 아니라 청중을 보고 말을 했을 경우
- 교차 질의상 : 날카로운 질문으로 상대를 당황하게 했을 경우
- 침착상 : 첫 발언자, 또는 발표력이 없던 아이가 침착하게 발언을 잘했을

경우

- 팀웍상 : 다른 팀원에게 잘 설명을 해서 팀웍이 무너지지 않도록 힘쓸 경우
- 매너상 : 전반적으로 다 잘했지만, 특히 교차 질의 때 "제가 질문해도 되겠습니까?"라고 정중히 묻는 등 예의를 잘 지키는 모범을 보여 줄 경우

이런 상은 꼭 한 사람에게만 줄 것이 아니라 복수의 디베이터에게 줘도 된다.그러나 그 경우에도 상을 주는 이유는 개인별로 구체적으로 밝히는 것이 좋다. 잘못된 점의 지적은 전체 디베이트 과정을 대상으로 하는 것이 좋다.

🏫 디베이트 수업에서의 강평

- 잘못에 대한 지적보다 격려의 어법으로 전환해서 평가하기.

  참 잘했어요. 그런데 OOO만 OOO게 해주었으면 더 좋았을 걸 하는 아쉬움이 있어요.

- 단점 지적은 전체 디베이트 과정을 대상으로 하기.
- 논제를 벗어난 디베이트의 경우 실패 원인을 짚어 주기.
- 한쪽이 부당하게 몰렸을 때, 원인이 무엇인지 분석해 주어서 다음 차시 디베이트에서 극복하도록 도와주기.

디베이트는 주제가 제시하는 문제의 답을 찾는 과정인데, 만약 디베이트에서 거론되어야 했는데 거론되지 못한 것이 있다면 디베이트의 어떤 과정이 잘 안되어서 그렇게 됐는지를 분석해 준다. 이런 분석을 할 수 있으려면 디베이트의 핵심 쟁점 뿐 아니라 디베이트의 전 과정의 흐름에 대해서도 코치가 미리 파악하고 있어야 한다.

예컨대, 디베이트가 찬반 양측 간에 쟁점이 서로 엇갈리게 되면서 찬반의 입장이 뒤섞이는 경우가 있다. 또한 준비가 부족한 디베이터는 자신이 무슨 말을 하는지 모르면서 발언하는 경우도 있다. 이럴 경우 강평하는 교사는 구체적으로 '이러 저러한 표현이 개념 정의가 잘못되었고 이러 저러한 내용이 빠졌습니다.'라고 지적할 수 있을 정도의 준비가 필요한 것이다.

또 디베이트 과정에서 한쪽이 부당하게 몰렸을 경우, 그 이유는 무엇 때문이었는지도 분석해 줄 수 있어야 한다. 그러기 위해서 코치는 자신이 그 주제에 대해서 미리 분석하고 준비해야 하며 논제가 품고 있는 논리 구조를 정리해 두는 것이 필요하다.

3. 사후 전체 토론

디베이트 수업에서 사후 토론의 필요성
문제에 대한 진정한 해답을 찾아가는 사고가 깊어지는 과정

교육용 토론 디베이트에서는 사후 전체 토론이 필수

- 평상시 생각과 디베이트 후에 바뀐 점
- 디베이트 과정 중 또는 후에 미진했던 점
- 가치 논제의 경우 가치의 혼동 방지를 위한 보편적 가치 제시
- 청중이나 심판을 맡은 아이들도 토론에 참여하는 시간
- 교육적 방향으로 유도해야 할 경우 교사가 발문으로 유도하면서 이끌어 주어야 한다.

독서디베이트에서는 '사후 전체 토론'을 반드시 해야 한다. 이때는 청중도 토론에 참여시키도록 해야 한다. 지도 교사는 당일의 디베이트 주제와 관련한 찬성과 반대의 논리를 꿰뚫고 있으면서 양측의 논리에서 감추어진 철학적 쟁점이 무엇이며 부딪히는 지점이 어디인지를 파악하고 있어야 한다. 그래서 실전 디베이트가 그 지점까지 오지 못했거나 혹은 다른 지점에서 부딪히고 있었다면, 교사는 사후 토론에서 감추어진 쟁점으로 이끌어 주어야 한다.

하지만 가장 중요한 것은 가치의 혼동을 방지하는 것이다. 독서디베이트는 가치 논제가 대부분이다. 가치 논제를 다룸에 있어서 자칫 '옳다, 그르다'라는 판단을 갖기 쉽다. 특히 디베이트 과정에서 설득력 있는 팀이 나타나서 자신의 평상시 생각과 다른 주장을 잘 펼쳐 낼 경우에 당연히 그쪽의 주장에 마음이 쏠리고 가치의 변화까지 올 수 있는 가능성이 많다. 왜냐하면 초등에서 중등 아이들은 아직 가치관 형성에 유동성이 많은 시기이기 때문이다.

더군다나 본인이 원하지 않는 입장에서 토론을 하게 되는 토론자는 디베이트가 끝나고 나면 자신의 가치관에 균열이 오는 현상까지 경험하게 된다.

이러한 것을 순화시키고 자연스럽게 판단력을 길러주는 것이 사후 토론 시간에 교사가 해야 하는 역할이다. 즉 현 사회에서 보편적으로 인식되고 있는 가치 기준을 학생들 스스로 찾아내게 자연스럽게 유도하는 디스커션 방식의 사후 토론이 필요한 것이다.

디베이트 수업은 코치의 역량에 달려 있다

제6장

디베이트 코치도
기초 역량이 필요하다

1. 준비되지 않은 아이들에 대한 이해가 있어야 한다

토론 수업에서 가장 현실적 문제는 발표하지 못하는 아이들이다. 디스커션 (토의, 토론) 방식의 수업에는 항상 손 드는 아이들만 손을 들고, 발표하는 아이들이 정해져 있다는 사실이다. 이런 수업 분위기는 활기도 떨어지고 선생님도 몇 명 학생과 수업하는 듯하여 진행에 어려움을 겪게 된다.

또한 디베이트(지식 스포츠) 방식 수업에서는 리서치를 하지 못한 아이들이 있을 수 있다. 디베이트에서 가장 중요한 리서치가 되지 않았을 때는 수업의 집중도와 흥미가 떨어지고 해당 팀이 완전히 무너져 버리는 디베이트 게임이 될 수도 있다는 것이다.

이와 같이 아이들이 발언하기를 힘들어 하거나 리서치를 준비하지 못했을 때 그 이유가 무엇인지 알아볼 필요가 있다.

▶ **주어진 주제에 대해 막연히 잘 모른다고 생각한다**

우리 아이들은 대부분 학교에서 논리적인 의사 표현에 대해 제대로 교육을 받아 본 적이 없어서 첫째, 논제 파악을 못하고 둘째, 논제에 대하여 어떠한 논리를 전개할 지 잘 모르게 된다. 그렇기 때문에 당연히 논제에 대한 자료 찾기에서도 방향을 상실하거나 무엇을 찾아야 할지 관련 내용을 이해하지 못하게 된다.

결국 스스로 정보를 찾는 즐거움을 경험해 보지 못한 학생은 논리를 세우는 일에 막연한 두려움을 갖게 되고 자신은 잘 못한다는 결론과 더불어 자신에 대해 부정적 평가를 내려 버린다.

이를 방지하기 위해서 교사가 해야 할 일은 토론식 수업을 시작하기 전에 학생들이 주제를 찾고 분석하는 방법과 핵심 내용을 찾아내는 논점 찾기와 객관적 근거를 찾아오는 논거 찾기에 대한 개념을 분명히 가르쳐 주어야 한다.

▶ 준비 없이 참여한 경우

토론 수업은 제시된 주제에 대한 배경지식과 기본 지식을 가지고 참여해야 하는 것이 기본 원칙이다. 아무리 똑똑한 학생들이라도 준비되지 않고 발언을 할 경우 머뭇거리거나 주제와 관련 없는 내용을 발언할 수밖에 없기 때문에 토론 시간이 두려워지고 자신감을 잃게 될 것이다. 그러므로 토론식 수업을 진행함에 있어 교사가 반드시 해야 할 일은 사전에 학생들이 자료 조사를 잘 진행하고 있는지 반드시 점검해야 하며 이를 위해 구조적인 점검 방법을 가져야 한다.

▶ 칭찬을 받아야 한다는 부담감을 갖고 있을 때

보통 학생들은 토론 수업을 거창하게 생각한다. 그 이유는 토론 수업이 다른 사람 앞에서 발표하는 형식을 갖고 있기 때문에 잘해야 한다는 압박감을 갖는 것이다. 그러나 디스커션 방식이든 디베이트 방식이든 토론 수업은 그 어떤 내

용도 전혀 주저하지 않고 발표할 수 있는 학습 분위기를 만들어 주어야 한다.

발표하는 그 자체가 공부이며 토론 수업은 자신의 실력으로 가다듬어야 한다는 사실도 깨우쳐 주어야 한다. 아울러 디베이트는 게임처럼 즐겨야 하며 반복하는 과정에서 실력이 향상된다는 사실도 주지시켜 주어야 한다.

▶ 평상시 생각하며 말하는 것에 익숙하지 않기 때문

현재 우리 사회는 커뮤니케이션의 수단으로 텍스트보다는 이미지와 영상이 대부분을 차지하고 있다. 이러한 현상은 교육의 현장에서 엄청난 부작용을 낳고 있다.

부작용의 예로 우리 아이들이 텍스트에 대한 독해력이 형편없이 떨어진다는 것이다. 그 이유는 텍스트를 읽고 내용을 파악하기 위해 생각하며 분석하는 시간을 거의 갖지 않기 때문이다. 어쩔 수 없이 학교에서 좋은 성적을 얻기 위해 시험공부하는 시간이 그나마 유지되는 사고력을 훈련하는 시간일 뿐이다.

생각할 필요가 없는 생활환경은 아이들의 언어 습관에도 그대로 영향을 미친다. 즉 생각하지 않고 감각적인 반응에 의해 즉각적으로 말을 내뱉는 습관을 형성시킨 것이다. 생각하지 않고 말하는 습관은 대인 관계에서 의사소통의 문제를 일으키는 주요 원인임과 동시에 철학이 없는 세대를 만들어 가는 주범이기도 하다.

토론은 결론에 철학적 담론을 이끌어 낼 수 있어야 한다. 그리고 문제 해결을 위해 나타나는 구조적 문제를 찾아낼 수 있어야 하며 토론을 통해 찾으려고 하는 문제의 본질을 알아 가는 과정이어야 한다.

이렇게 되려면 고도의 사고력이 뒷받침되어야 한다. 생각하는 습관, 사고력이라는 것이 평상시 생활 속에서 훈련되지 않은 아이들은 토론 시간이 힘들기만 한 것이다. 토론은 끊임없이 '왜?', '무엇 때문에?', '어떻게?'라는 질문을 던지며 문제를 풀어 가는 과정이기 때문이다.

▶ 듣기 훈련이 잘 안 되어서

토론에서 가장 중요한 것은 말을 잘하는 것보다 듣는 것(경청)이다. 듣는다는 것은 귀로만 잘 듣는 것이 아니라 머리로도 잘 들어야 한다는 뜻이다.

귀로 듣는 것은 집중력을 요구하고 분석력을 요구한다. 평상시 듣기 훈련이 안 된 아이들은 토론 수업에 적응할 때까지 '듣기'에 대한 습관의 훈련을 꾸준히 해야 한다. 이렇듯 '디베이트'는 집중적인 듣기 훈련이 되는 교육 방법이다.

하지만 처음 디베이트를 하는 학생들은 상대편이 발표하는 내용을 들으면서 내용 요약을 하기가 힘들다. 특히 상대 팀이 자신이 한 발언에 대하여 반론을 하는 경우, 답변의 내용이 주제에서 벗어나는가를 정확히 가늠하기가 어렵다. 뿐만 아니라 의견의 차이도 구별하기가 어려우며, 상대편 발언의 핵심 파악도 제대로 되지 않을 경우가 종종 있다.

그러므로 토론 수업을 이끌어 가는 교사는 이러한 학생들의 어려움을 파악하고 계속 기회를 주면서 학생들이 스스로 알을 깨고 나오는 병아리처럼 잘할 수 있을 때까지 기다려 주는 인내심을 발휘해야 한다. 또한 어미 닭이 병아리가 나올 수 있도록 겉에서 한번 쪼아주는 기법으로 생각과 이해, 표현의 자극점을 주어야 한다.

위에 열거한 이유들이 해결되지 않으면 디베이트 수업은 딜레마에 빠질 수 있다.

2. 준비되지 않은 아이들에 대한 해법

1. 겁 없이 덤비게 하라

디베이트를 너무 신중하게 시작하지 않아도 된다. 매너와 요령은 진행하면서 한 가지씩 수정해 나가면 된다. 일차적으로 약 3개월 간의 계획표를 가지고 디베이터로서의 완성을 목표로 두고 훈련하는 것이 바람직하다.

2. 자료 조사 과정을 세밀히 체크해 주어라

학생들이 자료 조사가 안 되었을 때 교사는 진도를 나가야 하는 부담을 갖거나 수업이 이루어지지 못할 수도 있다는 조바심으로 교사가 준비한 자료를 배포해 주는 경우가 있다. 이것은 학생들을 바보로 만드는 행위이다. 왜냐하면 토론 교육에서는 자료 조사를 하는 방법과 과정을 가르쳐 주고 본인이 스스로 하는 습관을 갖게 하는 것이 가장 중요한 목표점이기 때문이다.

학생이 스스로 토론 자료를 준비하는 것은 자기 주도적인 학습의 완성된 모습이다. 다만 초기에는 자료 조사 과정을 지켜보면서 점검해 주어야만 제 길을 찾아갈 수 있고 습관이 몸에 배게 된다. 현재 어느 정도 진행되고 있는지, 어디에서 자료를 찾고 있는지를 중간중간에 확인해 주는 것이 필요한 것이다. 이를 통해 학생들이 시간 낭비를 하지 않도록 안내해 주는 것이 교사가 해야 할 역

할이다.

3. 한마디씩 거들면서 기다려 주어라

기다림이 교사의 미덕이라고 해서 학생이 스스로 완성되어 토론에 임하기를 무작정 기다리라는 것은 아니다. 그것은 오히려 교사와 학생 모두가 더 힘들어지는 시간이다.

외국어를 배울 때 좋은 선생님은 제자의 잘못된 발음을 교정해 주기 위해 살짝 거들어 주는 경우가 있다. 배우는 학생은 선생님이 거들어 주는 발음과 단어로 인해 정확한 발음을 익히게 되면서 해당 언어에 자신감을 얻게 된다. 이러한 교육 방법이 토론 교육에서도 이루어져야 한다.

학생들이 자료 조사는 충분히 해 왔지만 자신의 발언 시간에는 어떤 단어를 사용해야 할지 몰라 발언을 못하고 홍당무가 된 채 막막해 하는 경우를 보게 된다. 이때에는 그 학생이 발언해야 할 내용에 관계된 단어나 하려는 말의 흐름을 파악하여 관계된 단어를 하나씩 찾아줌으로 생각의 자극점을 제공해 주는 역할을 해 주어야 한다.

또 다른 경우는 문장 구성 능력이 떨어져 앞뒤가 안 맞는 문장을 내놓거나 어휘력의 부족으로 인해 맞지 않는 단어를 가지고 발표할 때이다. 이때에는 교사가 완성된 문장으로 발표하도록 다시 한번 발언할 기회를 주고 완성된 문장으로 구성해 나가도록 도와주어야 한다. 그러면 학생들은 입에서 맴돌던 이야기들을 하나씩 완성된 문장과 바른 내용으로 발표할 수 있을 뿐 아니라 몇 번의 반복된 훈련으로 자신감까지 얻게 될 것이다. 다만 학생이 발언을 하지 못하

고 있다고 하더라도 절대로 완성된 문장을 미리 말하거나 두 마디 이상을 거들면 안 된다. 관련 단어 정도만 던져 주거나 한 두 마디만 거들어야 한다. 왜냐하면 발표하는 학생에게 완성된 문장으로 말할 수 있도록 돕는 것이 목표이기에 완성된 문장이 나올 때를 기다려 주어야 한다. 그리고 학생이 문장을 마무리 지었을 때에 문장이 매끄럽지 않을 경우가 있다. 이때에는 교사가 다시 한 번 반복해서 완전한 문장으로 고쳐 주어야 한다.

위와 같은 원칙을 가지고 토론 수업을 진행한다면 학생들은 훌륭한 디베이터가 될 수 있다.

3. 디베이터 훈련 기법

좋은 디베이터가 되려면 다음 다섯 가지는 필수 요건이다.

첫째 읽기, 둘째 듣기, 셋째 말하기, 넷째 요약하기, 다섯째 질문하기 훈련이 되어 있어야 한다. 이러한 기능은 디베이트를 자주 하다 보면 자연스럽게 습득되는 교육 효과이기에 디베이트를 통해 훈련할 수 있다.

하지만 대한민국에서는 기존에 토론은 있었지만 전문적인 토론 교육과 토론 문화가 형성되지 않았다는 사회적 특성으로 인해 개인의 성향과 역량의 차이가 크다는 것도 염두할 필요가 있다.

그러므로 디베이트를 하기 위해서는 개인의 역량 차이를 극복시키는 훈련도 병행해야만 한다. 그래야 디베이트에 관한 학생들의 흥미를 더욱 증진시킬 수 있고 디베이트 방식의 토론 수업이 주는 교육적 효과를 온전히 경험할 수 있기 때문이다.

다음의 훈련들은 초등학교 수업에서 디스커션 방식으로 가볍게 진행하는 방법으로 배우는 학생들에게는 큰 도움이 된다. 중학교 이상의 수업 시간에는 구태여 이러한 방법을 도입하지 않아도 디베이트의 방법론만 제대로 잘 가르치면 학생들 스스로의 노력으로 개인의 역량 차이를 극복할 수 있다.

▶ 듣기 훈련

1. 육하원칙 스토리 이어 가기

한 명씩 말 이어 가기 게임을 진행하되 육하원칙을 적용하여 스토리를 만들어 가는 훈련이다. 일종의 짧은 이야기 글을 쓰듯이 '언제, 어디서, 누가, 무엇을, 어떻게, 왜?'라는 순서로 앞 사람의 이야기에 이야기를 보태며 이야기를 완

- **언　제** : 지난 일요일이었어요.
- **어디서** : 우리 동네 어린이 놀이터에서 있었던 일이에요.
- **누　가** : 4학년이 제 동생과 동생 친구들이 함께 모여 있었어요.
- **무엇을** : 줄넘기 연습을 하고 있었어요.
- **어떻게** : 두 팀으로 나누어 어느 팀이 많이 하는지 시합을 하고 있었어요.
- **왜?** 　 : 학교에서 줄넘기 시험을 보는데 시합을 해야 지치지 않고 재미있게 줄넘기 연습을 할 수 있기 때문이래요.

성해 가는 것이다.

이렇게 완성된 문장을 맨 마지막 사람이 6가지 모두를 이어서 발표하는 게임이다. 이러한 게임을 그룹별로 나누어 하게 되면 이야기 구성 능력과 육하원칙에 대한 사용 능력, 듣기 훈련까지 다용도로 사용되는 훈련이다.

2. 뉴스 듣고 내용을 전달하기

뉴스 동영상을 보고 그대로 내용을 전달하는 훈련이다.

3. 입론 듣고 반론 세우기

교실 수업에서는 학급 인원을 한 그룹에 서너 명 정도씩 배정하여 그룹 편성을 한다. 그룹의 숫자는 짝수로 하고 찬성 그룹과 반대 그룹으로 나눈다. 그런후 한 그룹에 논제 하나씩을 배정한다. 찬성 그룹은 배정된 논제를 가지고 그룹인원 모두가 각자 한 가지씩의 논점과 논거를 만들어 발표하게 한다. 반대 그룹은 찬성 그룹이 발표한 내용에 대하여 한 사람이 한 가지씩의 논점에 대하여반론을 하게 한다. 준비하는 시간은 찬성과 반대 모두에게 동일하게 주되 5분정도의 시간을 주는 것이 좋다. 이는 순발력과 협동심을 길러주기 위함이다. 하지만 결과적으로는 상대편의 주장을 듣고 반론해야 하므로 비판적 듣기 훈련이 저절로 이루어질 수 있다.

4. 이야기 듣고 축약하기

동영상을 보여준 후에 그 내용을 축약하여 발표하는 훈련이다.

▶ 발표력 훈련(1분 스피치)

토론식 수업을 시작할 때 처음 도입 부분에 활용하는 방법이다. 그 방법으로는 "내 친구를 소개합니다.", "지난 주말의 재미있었던 일", "내가 해 보고 싶은 일" 등의 다양한 소재로 1분 동안 발표하게 하여 한 사람도 빠짐없이 전원이참여하도록 하는 방법이다.

이 방법의 목적은 자연스럽게 말문을 열게 하는 것이다. "내 친구를 소개합니다."의 경우에는 학기 초에 처음 만난 친구들과 서먹한 관계를 없애는 데에 매우 좋은 방법이다. 두세 명씩 짝을 지어 옆 친구가 자신을 소개하는 이야기를 1분 동안 듣고, 들은 내용을 가지고 옆 친구를 대신하여 친구를 모두에게 소개하는 방법이다. 이때에 친구가 말한 내용의 핵심을 빠뜨리지 않고 더욱 재미있게 소개하는 방법으로 진행하는 것이다.

가. 내 친구를 소개합니다.

나. 우리 가족입니다.

다. 지난 주말에 가장 재미있었던 일

라. 지난 주간 읽었던 책 소개하기

마. 사건, 사고 리포터, 각자가 한 가지 사건을 찾아서 전달하도록 하는 훈련이다.

▶ 요약 훈련

가. 신문 기사 분석하기

신문을 가지고 주제, 개요, 내용을 분석하여 차례대로 전달하는 훈련이다.

나. 찬반 의견 논점 세우기

주제를 가지고 찬반 토론을 하면서 주장과 개요, 내용을 발표하게 하는 훈련이다.

다. 주제 속의 쟁점 찾기

찬반 대립이 형성되는 한가지의 주제를 가지고 그 속에 담겨 있는 양쪽 입장의 쟁점이 무엇인지 찾아내는 훈련이다.

4. 토론 수업 모형을 잘 운영할 줄 알아야 한다

▶ 토론 수업 모형

1. 8명 소그룹 디베이트(4:4)

소그룹 모형은 디베이트 동아리를 운영할 때 사용되는 디베이트 모형이다.

소그룹은 자원하는 학생들로 구성하는 것이 바람직하며 보다 심층적인 디베이트 교육을 위해 활용하는 것이 좋다. 그리고 인원은 2:2 디베이트가 가능한 4명부터 최대 8명까지 제한된 인원으로 구성하는 것이 바람직하다.

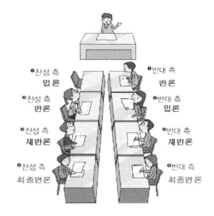

2. 학급에서 진행하는 디베이트 수업

학급에서 디베이트를 진행할 경우에는 학급 전체 인원은 20~30명인 것에 비해 디베이트에 참가할 수 있는 인원은 한 번에 8명이 최대이다. 따라서 디베이트에는 선발된 인원만 참가할 수밖에 없는데 위의 그림은 이에 맞는 자리배치 유형이다. 하지만 디베이트에 참가하지 않는 학생들도 동일한 교육 효과를 갖게 하고 싶다면 청중 평가단으로 참여시키는 것도 좋은 방법이다. 청중 평가단에게는 기본적인 판정표를 나누어 주고 '지식 스포츠'이자 디베이트의 꽃인 승패 판정에 참여하게 하는 것이다. 판정표는 간단한 점수 부여하기, 승패를 판정해 주기 등의 내용으로 작성되는데 이때는 반드시 평가한 내용과 승패의 원인을 요약정리하도록 해야 한다. 이렇게 작성된 평가표는 토론 수업이 끝나면 수행평가 자료로 제출하도록 하는 것이다. 또한 디베이트 판정단에 학생들을 참여시키는 방안도 있다. 주심은 교사가 맡고 시간 진행과 태도 점수 평가 등은 학생을 부심으로 선정하여 역할을 주는 것도 좋은 방법이다.

3. 학급 전체 인원 참여 방식 디베이트 수업

청중 평가단 참여 방식 디베이트 수업은 잘 준비된 디베이트를 할 수 있기에 참가자나 청중 모두 디베이트의 정석을 경험할 수 있다. 하지만 소수의 인원만 참석한다는 단점이 있어 보편적인 교실 토론 교육에는 아쉬운 점이 있다. 이를 보완하고 토론 수업의 기본적 훈련이 함께 이루어지는 디베이트 수업 모형을 아래와 같이 만들어 보았다. 실제로 학급에서 운영해 보았을 때 전원이 참석하는 디베이트는 소수의 인원이 참여하는 디베이트보다 더욱 역동적인 결과를 가져왔고 모두가 준비를 해야 하기에 초등학교 수업에서는 반드시 권장하고 싶은 수업 방식이다.

운영 방법

가. 학급 전체 인원을 입론, 반론, 재반론의 역할별로 찬성과 반대 그룹을 나눈다. 인원은 양측에 각각 입론 4명, 반론 3명, 재반론 3명을 기본으로 선정하고 최종 변론은 1명으로 한다.

나. 찬성과 반대 팀에 단장을 한 명씩 선출하게 한다. 선출 방법은 가위바위보 또는 제비뽑기가 적절하다. 단장은 자기 팀의 디베이트 준비 과정 전체를 통솔해야 하며 디베이트 수업에서는 최종 변론을 맡아야 한다.

다. 각 역할 별로 팀장을 뽑고 팀장은 자기 그룹이 맡은 역할을 잘 감당하도록 책임을 갖고 자료 준비 과정을 진행해 나가게 한다. 또한 자기 측 단장과 더불어 전체 진행을 조율해 가게 한다.

라. 교실 수업에서는 한 가지 순서가 끝나면 작전타임을 30초 정도씩 주는

것도 좋다.

마. 교사는 주심을 보고, 진행과 태도 점수를 채점하는 부심은 학생으로 두는

것도 좋다.

학급 전체 참여 방식 디베이트

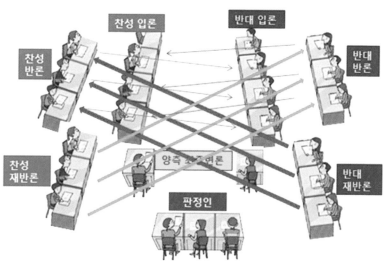

5. 토론 교사의 현실적 고민

토론식 수업을 위해서, 특히 독서디베이트 수업을 진행하는 교사들은 아래의 사항을 점검하고 사전에 준비해야 한다.

▶ 통합교과로 커리큘럼을 재편해야 한다

공교육 현장에서 겪는 토론식 수업의 가장 큰 고민은 교과커리큘럼 재구성의 필요성이다. 토론식 수업은 기존의 강의식 수업과는 근본적으로 성격이 달라서 수업 시간 배정부터 달라야 한다. 예를 들어 강의식 수업은 교사가 혼자서 준비한 수업 내용을 정해진 수업 진도에 맞춰 강의한다. 그리고 학생은 최대한의 집중력을 발휘해서 학습 효과를 성적으로 나타내면 된다. 하지만 토론식 수업은 주체가 학생으로 바뀐 수업이다. 학생들이 준비가 되어 있지 않으면 수업 진행 자체가 불가능하다. 수업 시간 또한 학생들의 역량에 따라 소요 시간이 다르다. 학생들이 토론 수업에 훈련되지 않은 상황에서는 기존의 40~45분 수업으로는 정해진 시간에 수업을 마치는 것이 불가능하다.

무엇보다 토론식 수업은 내용의 전개가 대개 통합교과의 형태로 나타난다. 즉 과학 과목으로 에너지에 관련된 단원을 다루어 토론식 수업을 하게 되면 사회 과목의 에너지와 산업 관련 지식이 등장할 수밖에 없다. 바닷가 생태계와 생물에 대해 공부할 때 『갯벌에 지금 무슨 일이 일어나고 있을까?』라는 책으로 독서디베이트를 할 경우 과학 과목의 지식이 주된 내용이지만 사회 과목에서 지리, 환경 등에 관한 문제가 다루어진다. 또한 이 모든 과정에서 훈련되는 것이 국어 과목의 말하기, 듣기, 읽기이다. 이렇게 한 과목을 가지고 수업을 하더라도 여러 과목의 내용이 다루어지고 교육 효과가 나타나는 현상은 교과 진도 자체를 통합적으로 재구성해야 토론식 수업의 효율성을 높일 수 있다는 결론이다.

교실 토론 수업을 위한 교사의 준비 사항

1. 교과커리큘럼의 재구성
2. 토론을 할 수 있는 기초 역량 훈련 기법
3. 아이들의 사고를 이끌어 내는 질문의 기술
4. 다양한 토론의 기법
5. 토론의 의미와 정신 교육: '협의와 합의, 배려와 경청' 이해하기

토론식 수업을 위한 교과커리큘럼의 재구성

1. 교과목 소단원에서 논제 찾기
2. 학과 진도표에 맞는 토론식 학습 커리큘럼 작성하기
3. 통합교과 교육을 염두에 두고 토론 수업으로 학습 진도 맞추기
4. 토의·토론 방식과 디베이트 방식 수업 분량 균형 맞추기
5. 토론의 의미와 정신 교육: '협의와 합의, 배려와 경청' 이해하기

Book Debate

▶ 토론식 수업은 구성 자체가 다르다

토론식 수업은 학생의 역할과 교사의 역할 비중이 바뀐 형태이다. 강의식 수업은 거의 80% 이상을 교사가 진행했다면 토론식 수업은 학생이 80% 이상을 진행하는 것이다.

그 내용 구성을 보면 1)교사의 학과목 단원 안에서의 주제 제시 및 개요 강의 2)학생들의 자료 조사와 분석, 정리 3)학생들의 토의, 토론, 디베이트 방식 발표하기 4)학생들의 질문과 교사의 질문 및 학생 간의 질문 5)교사의 사후 토론 진행과 정리 등이다.

이러한 과정이 모두 마쳐지려면 최소한 수업 시간이 80~90분이 소요된다. 그렇기에 블록 형태의 수업 시간 배정에서 가장 효율적인 수업 방법은 토론식 수업이다.

토론식 수업의 진행 과정

6. 토론 수업은 모든 이야기가 가능한 시간이 되어야 한다

수업 시간 중 학생이 선생님에게 질문을 했다.

"선생님, 기차 바퀴를 세모로 만들면 안 되나요?"

이 질문에 여러분은 어떻게 답을 할 것인가?

......

각 교육과정별 선생님의 답변을 엉뚱하게 이야기로 구성해 보았다.

• 유 치 원 교사: 기차바퀴가 세모이면 꼭지로 넘어갈 때 땅이 푹 파이니까 땅이 너무 아파하지 않을까? 그럼 세모로 만들면 안 되겠지?

• 초등학교 교사: 애야, 엉뚱한 질문하지 말고 수업에나 열중해라.

• 중 학 교 교사: 열심히 도형으로 그려 주면서 설명한다. 결국 세모로 만들어서는 안 되는 에너지의 법칙과 운동의 법칙 등의 이유를 들어 열심히 설명해 주고는 '끝'하고 맺는다.

티칭(Teaching)이 아닌 코칭(Coaching)을 해야 한다.
기차 바퀴는 세모가 되면 안 되나요?

하지만 삼각형을 그린 것에 원을 덧씌워 주면서

"이렇게 하면 어떨까?"

"원래 기차 바퀴는 동그라미인데 네가 고안한 세모 바퀴를 넣으면 바퀴가 더 튼튼해지지 않을까? 지금 사용하는 자동차 바퀴도 동그란 타이어 안에 여러 가지 모양을 넣지 않았니? 너의 상상력이 이 다음에 놀라운 발명을 이루어 낼 거야."라고 말한다면 아이는 엉뚱한 질문이라도 계속하면서 더욱 학습 의욕을 갖게 될 것이다.

아이의 생각에서 가능성을 찾는 교육! 이것이 토론 교육이다.

토론 교육사(디베이트 코치)가 바로 이러한 역할을 해야 한다. 토론 교육사는 Teacher 가 아닌 Builder가 되어야 한다.

독서디베이트에 대한 질문과 수업의 실제

부록

RND
독서디베이트 자료실

1. 독서디베이트를 하기 위한 준비 과정

아래의 내용은 남양주시 별내 도서관에서 진행한 독서디베이트 코치 양성 과정 수강생이 협회 사이트에 온라인으로 질문한 내용이다.

이에 대한 답변을 통해 '독서디베이트 준비하는 법'에 대한 이해를 돕고자 한다.

• 수강생의 질문

다음 주 논제가 '치매 환자는 국가에서 전적으로 책임져야 한다'입니다. 사실 이번 논제는 꼭 책을 통하지 않더라도 나올 수 있는 논제라서요. 근거를 꼭 책에서 찾아야 하는지 궁금합니다. 교수님께서 물론 사회현상에서 많이 찾게 될 거라 말씀하시긴 했는데요.

질문1. 근거를 꼭 책에서 찾아야 하는지 궁금합니다.

• 필자의 답변

독서디베이트의 논거는 1차적으로 책에서 찾으세요. 만약 관련 책에서 논거가 부족할 경우 2차적으로는 연계 도서에서 찾으셔도 됩니다. 3차적으로 '예를 들어'라는 논거는 사회현상에서 찾으세요.

독서디베이트에서 주로 다루는 문학책은 다분히 저자가 객관적인 사실을 바탕으로 글을 쓰기 보다는 저자의 주관적이고 허구적인 것이 많습니다. 그러나 디베이트에서의 논거는 철저히 객관적이며 사실적인 자료를 가지고 증명해야 하기 때문에 사회현상에서 근거를 가져오라는 것입니다.

질문2. 그 비중을 어느 정도 두어야 할까요?

만약 책 내용만으로도 객관적이고 사실적인 논증을 할 수 있다면 사회현상에서 찾지 않아도 됩니다. 부족할 경우 연계 도서, 사회적 현상을 도입하는 것입니다. 다만 이번 논제는 다분히 정책 논제 성격도 포함되어 있기에 사회현상에서 갖고 있는 객관적 자료가 뒷받침되어야 더 튼튼한 논리를 만들 수 있겠지요?

• 필자의 추가 설명 : 독서디베이트의 논점 찾기 힌트

독서디베이트는 저자의 작의를 뛰어넘어 저자와 나의 다른 관점을 가지고 가치관을 공유한 사람들끼리 서로 디베이트하는 것입니다. 그런데 책에서 찾은 논제를 중심으로 찬성과 반대 양쪽에서 논점과 논거를 찾기란 쉽지 않을 것입니다. 우리가 논제를 만들 때에는 저자가 이미 책을 집필한 것을 갖고 하기 때문이며 독서디베이트는 작가의 의도나 내용 중에서 저자와의 다른 관점으로 논제를 만들기 때문입니다.

결국 논제를 분석해서 논점을 찾으면 찬반의 비중이 맞지 않고 한쪽으로

기울어지게 책 내용이 쓰여 있음을 알 수 있습니다. 하지만 책 내용은 찬반의 균형이 맞지 않을지라도 논제는 찬반의 균형을 충분히 고려해서 만든 것이기에 논점, 논거를 책에서 찾아낼 수 있습니다. 다만 디베이터들이 찾는 논점에 해당되는 것들이 책 속에 명확하게 문장으로 쓰여 있지 않다는 것이 디베이터를 당혹스럽게 만듭니다.

이때부터가 사고력이 동원되는 시간입니다. 논점은 책 내용을 충분히 숙지한 다음 논제를 분석하면서 세워나가야 합니다. 그때에 다음 세 가지의 질문을 던지면 됩니다.

• 디베이트톨로지를 활용한 토론의 방향 찾기

1. 본질적인 문제는 무엇일까?

2. 이 문제의 해답을 찾으려면 우리 입장에서는 현실 사회에 어떤 조건들이 필요하며 현재 상황은 어떠한가?

3. 우리가 주장하는 바와 추구하는 가치는 무엇일까?

『우리 가족입니다』라는 책으로 디베이트 하기 위해 논제를 '치매 환자는 국가에서 전적으로 책임져야 한다'라고 제시했습니다. 그 문제에 대해 위에서 말한 세 가지 생각의 틀을 가지고 질문을 찾으면 다음과 같습니다.

1. 본질적인 문제는 무엇일까?

정책 논제는 치매가 문제겠지만 독서디베이트에서는 가치 논제가 우선입니다. 즉 치매 노인 문제를 들고 나온 것은 어떤 문제가 있기 때문인가요? 바로 치매 환자로 인한 가족해체입니다. 여기에 대하여 찬성과 반대 입장이 각각의 해법을 제시할 수 있겠지요. 이것으로 첫 번째 논점이 세워질 수 있습니다.

2. 이 문제의 해답을 찾으려면 우리 입장에서는 현실 사회에 어떤 조건들이 필요하며 현재의 상황은 어떠한가?

치매 문제를 해결하기 위하여 현실적으로 어떤 대책들이 있을까요?

그리고 이혜란 작가의 경험 속에서는 어떤 말을 하고 싶은 것일까요?

여러분들은 여기에 대하여 최선의 대책이 무엇이라고 생각합니까?

치매 환자에 대한 현실적인 여러 가지 문제를 국가는 어떻게 대처하고 있나요?

치매 환자를 국가에 맡겨 놓으면 모든 근본적 문제가 해결될까요?

이 물음은 논거가 될 수 있는 사회구조적인 것을 말할 수 있습니다.

3. 우리가 맡은 입장은 어떤 가치를 추구하고 있을까?

찬성과 반대 측은 극명하게 다른 가치를 주장하고 있겠지요?

그렇게 주장하는 바에 대한 철학적 가치를 논증해 보시면 최고의 디베이터가 되실 것입니다.

• 수강생의 질문

질문 3. 세 번째 궁금증. 사실 지난번 강평 때 철학적 담론까지 필요하다고 하셔서 한 대 얻어맞은 기분이었습니다. 그렇게 깊이 있게까지는 생각 못 했거든요. 그런데 한편, 디베이트할 때 범위를 정해 두어야 하는 것은 아닌가라는 생각이 들더라구요. 논제에서 계속 가지치기를 하다 보면 얘기할 것이 끝도 없을 거 같기도 하구요. 예를 들어 치매 얘기를 하다 보면 노령화 문제, 노인복지 문제, 의료 문제, 더 나아가 국가의 역할 문제까지 갈 수 있는데, 이렇게 확대해 나가다 보면 주어진 시간 안에 할 얘기가 너무 많은 거 같아서요. 디베이트로 어디까지 얘기할 지 범위를 정해줘야 하는 건 아닌지요. 또 정할 수 있다면 그것은 찬성 팀에서 먼저 그 범위를 정해야 하는 건지 궁금합니다.

• 필자의 답변

범위는 이러저러한 문제가 아니라 입론을 발언하는 시간인 4분이 결정해 줍니다. 즉 4분 동안 발언할 분량을 찾아내는 것이 범위를 정하는 것입니다. 단 자기편에서 주장하고 싶은 많은 내용 중에 논제를 중심으로 자기편의 주장을 튼튼하게 만들 가장 핵심적이고, 주장의 타당성을 뒷받침할 내용을 찾아내는 것이 범위를 한정해 줍니다. 이때에 상대편에게 논리의 허점을 보일 주장과 근거들은 채택하지 않는 것이 전략입니다.

디베이트의 승패를 결정하는 것은 많은 양의 리서치와 요약입니다. 하지만 더 중요한 것은 리서치 내용 중에서 논제를 뒷받침할 수 있는 강력한 자료를 찾아내는 것이 중요합니다.

• 필자의 최종 마무리

디베이트를 준비한다는 것은 첫째, 논제 분석이 이루어져야 합니다. 어떤 방향과 어떤 내용을 논제가 제시하고 있는지를 생각해 내는 것인데 위에 제시한 세 가지 질문이 도움이 될 것입니다. 이때에 통찰력과 철학적 사고력이 훈련되는 시간입니다.

둘째, 자료 찾기입니다. 첫 번째 작업인 생각하기를 통해 방향이 설정되었으면 해당 방향에 나타나는 키워드를 검색창에 입력하여 관련 자료들을 찾아내는 것입니다. 그런 후 첫 번째로 어느 논점에 관련된 내용인지 자료를 분석합니다. 두 번째로 다양한 자료를 논점에 맞추어 융합하여 논리를 만들어 갑니다. 세 번째로 기존의 자료가 부족하면 창의적 대안 찾기를 해야 합니다.

이러한 작업은 사업 계획서, 논문 작성, 브리핑 자료 준비, 시험 공부에도 반드시 필요한 역량을 훈련시키는 과정입니다.

결론을 말씀 드리자면 독서디베이트는 디베이트를 준비하는 과정 이전에 가장 먼저 책을 최소한 5번 이상 읽어야 합니다. 왜냐하면 자세히, 깊이, 분석적으로 읽어야만 책 안에서 논제가 말하는 의미와 찬성과 반대가 찾아야 할 논지의 방향이 무엇인지를 찾아갈 수 있기 때문입니다.

독서디베이트는 토론을 위한 책 읽기입니다. 그러므로 논점과 논거를 가급적 책 안에서 찾는 것이 바람직하다고 말씀드리고 싶습니다.

훌륭한 디베이터는 그냥 되는 것이 아니라 훈련이 만들어 줍니다. 많은 훈련을 통해서 좋은 디베이터로 거듭나기를 바라며 14차시 수업이 끝나는 날 놀라운 변화를 경험하시게 될 것입니다.

2014, DEBATE 영재학교 제주캠프

독서디베이트 전체 과정 예시

제목 : 『멋진 신세계』, 올더스 헉슬리

찬성 측 입론

김포 도립도서관 실습 과정

논제	과학의 발전은 인간을 행복하게 한다.
논의 배경	아이들은 인공수정으로 태어나 유리병 속에서 보육되어지고 부모란 존재는 없습니다. 그리고 지능의 우열만으로 장래의 지위가 결정되는데 자신의 능력이 아닌 태어날 때부터 결정된 계급에서 살아갑니다. 과학적 장치에 의하여 개인은 할당된 역할을 자동적으로 수행하도록 규정되어 있습니다. 고민이나 불안은 정제로 된 신경안정제인 소마로 해소합니다. 그들에게는 전쟁도, 기근도, 아픔도 없습니다. 신세계 속 사람들은 심지어 늙지도 않습니다. 그러다가 이 세상과 반대인 옛 문명을 보존하고 있는 나라에서 온 야만인(존)은 이러한 문명국에서 살 수 없어 자살하고 맙니다. 과학의 기술 발전만을 이야기하는 이 이야기를 보면 우리들의 모습을 뒤돌아보게 합니다. 이에 과학의 발전은 인간을 행복하게 하는지에 대하여 논의해 보려고 합니다.
용어 정리	과학 : 대상을 객관적 방법으로 체계적으로 연구하여 자연현상을 밝히거나 인류의 필요를 충족시키는 것 → 삶을 편리하게 해주는 기술적 변화로 재정의 행복 : 스스로 만족, 즐거움을 느끼는 상태

논점		찬성 측
논점 1	주장	질병으로부터 자유로울 수 있습니다.
	근거	p. 138 "우리는 노인들을 병으로부터 보호합니다. 그들의 내분비물이 인위적으로 청춘기의 균형을 유지하도록 대비하기 때문입니다. 마그네슘과 칼슘의 비율을 서른 살 때의 수준 이하로 떨어지지

논점 1	근거	않도록 조절하는 것입니다. 기원전 259년에 태어나 210년에 사망한 중국의 진시황은 불로불사를 꿈꾸었습니다. 인간은 누구도 늙고 병들고 추해지는 것을 원하지 않습니다. 질병은 오랜 시간 인간을 괴롭혀 온 문제입니다. 현대 과학과 의학의 발달로 불치병이라 여기던 암도 차차 정복되어 가는 추세이며 각종 질병들의 원인도 밝혀지고 있습니다. 그로 인해 생존율이 높아지고 인간의 수명도 연장되고 있습니다. 1997년 영국에서 복제양 돌리가 탄생한 이후 미국에서 세계 최초로 인간 배아 복제에 성공하였고 이로써 각종 질병을 유발하는 유전자, 신체 이상을 낳는 유전자, 노화 촉진 유전자 등 그동안 인류를 괴롭혀 온 각종 난치병을 치료하는 길이 열렸습니다.
논점 2	주장	안정된 사회를 구현하고 있습니다.
	근거	『멋진 신세계』에서는 태어날 때부터 편안하고 안락한 생활이 주어집니다. 사람들은 가난이나 범죄 전쟁 등이 없는 안정된 사회 속에 살고 있습니다. 2012년 5월25일 한겨레 뉴스를 보면 현재 지구상에는 굶주려 죽는 아이들이 6초마다 한 명이라고 합니다. 세계 70억 인구 중에 약 10억 명이 굶주림에 고통받고 있다고 유니세프가 발표했습니다. 굶주림에 죽어 가고 있는 수많은 사람들에게는 꿈의 세상인 것입니다.
논점 3	주장	인류의 삶을 풍요롭고 윤택하게 합니다.
	근거	인류의 문명은 과학의 발달과 같이 해 왔습니다. 고대 이집트나 로마에서도 과학의 발전이 뒷받침되었기에 거대한 피라미드를 세울 수 있었고, 도시를 설계하고 유지시켰습니다. 이렇듯 과학은 인류가 탄생한 이후 지금까지 엄청난 발전을 이루며 인류의 문명 발전과 생활의 편리에 크게 영향을 미쳐왔습니다. 예를 들어 에디슨이 전구를 발명, 벨의 전화의 발명이 불과 백 년 전인데 전구와 전화 없는 생활은 견디기 힘듭니다. 과학의 발전은 인류의 삶을 풍요롭고 윤택하게 함으로써 인간의 행복에 큰 기여를 했습니다.

반대 측 반론

반대 측 반론 4분	주장	질병으로부터 자유로울 수 있습니다.
	반론	과학기술의 발달로 병의 치료와 시술로 인한 질병이 치료되고 있는 것은 맞습니다. 하지만 오히려 기계화된 문명의 발달은 만병의 원인으로 불리는 스트레스 증가와 우울증을 낳고 있습니다. 또한 에이즈나 조류 독감, 신종플루, 슈퍼 박테리아 등 새롭고 강력한 질병들이 발생되고 있습니다. 과학기술의 개발은 환경을 오염시키고 생태계를 파괴시키고 있습니다. 또 공장의 폐수, 방사능 및 유해 폐기물, 대기오염 등에 따른 질병을 초래하고 있습니다. 인류 역사상 질병으로부터 자유로웠던 적은 단 한 번도 없습니다. 인간의 생명과 질병은 공존 관계인 것입니다. 따라서 인간은 질병으로부터 자유로울 수 없습니다.
	주장	사회적 안정을 구현하고 있습니다.
	반론	찬성 측에서는 특정한 계급의식을 가진 존재들이 각자의 역할을 충실히 수행하며 행복을 느끼고 안정을 구현한다고 하셨습니다. 하지만 『멋진 신세계』에서 사람은 조건반사회화와 수면학습법에 의한 제조와 가공의 대상일 뿐입니다. 절망에서 희망을 꿈꾸고 고뇌하는 것이 인간을 인간답게 만드는 것입니다. 환경에 순응해 주어진 대로 살아간다면 인간이 동물과 무슨 차이가 있겠습니까? 소수의 알파플러스 계급에 의해 통제되고 지배되는 노예 집단은 자신들의 삶이 얼마나 비참한지 알지 못합니다. 지성과 사고를 가지고 있는 최상위 계급의 사람들조차 자신이 누리고 있는 특권을 감사하고 그 체계를 유지하는 것만을 생각합니다. 이처럼 개인의 가치가 철저히 배제된 사회적 안정이 과연 올바른 것인지 되묻고 싶습니다. 인간의 행복은 인간 안에 있습니다. 그러므로 저희 팀은 '과학의 발전은 인간을 행복하게 한다'에 반대합니다.

	주장	인류의 삶을 풍요롭고 윤택하게 합니다.
반대 측 반론 4분	반론	인간의 삶에 풍요와 윤택은 물질적인 것에만 국한되어 있지 않습니다. 『멋진 신세계』의 인간들은 개인의 감정을 가질 수 없도록 교육받습니다. 누군가에게 '사랑'의 감정을 갖는 것이 금지되어 있는 삶을 진정한 풍요와 윤택이라고 할 수 있을까요? 뿐만 아니라 과학기술의 발달은 유전자 조작으로 생물의 변종을 만들고 환경오염과 농약의 사용으로 먹이사슬이 왜곡되어 생태계는 회복 불능 상태가 되어 가고 있습니다. 또 무기 개발은 생명까지 위협하는 실정입니다. 1995년 일본의 옴진리교에 의해 자행된 사린가스 살포 사건은 화학 무기의 실례를 보여줍니다. 도쿄 중심부의 지하철에서 발생한 이 사건으로 12명이 사망하고 5,500명이 부상을 당했습니다. 이렇게 환경을 파괴하고 살상 무기를 개발하는 과학의 발전이 풍요와 윤택은 아니라고 생각합니다.

반대 측 입론

논제	과학의 발전은 인간을 행복하게 한다.
논의 배경	『멋진 신세계』는 지나친 기술의 발달이 인간다움을 짓밟는 암담한 미래의 사회를 배경으로 합니다. 그 사회는 극소수의 지배자에 의해 통제되는 철저한 계급 사회이지만, 그 사회의 구성원들은 태어나기도 전부터 철저하게 세뇌되어 이를 당연하게 받아들입니다. 실제로는 디스토피아에 살지만 스스로 유토피아에 살고 있다고 생각하는 것입니다. 그러나 버나드와 헬름홀츠는 그 조직의 구조에 의문을 품고 고민하다가 야만인 사회의 존을 소개함으로 사람들을 설득시키려 합니다. 그리고 야만인 존은 사회의 문제점을 지적하고 그것을 적극적으로 해결하려고 하지만 대중들은 무엇이 진정 그들을 위한 것인지 알지 못한 채 세 사람을 제거하고 맙니다. 이에 우리는 멋진 신세계를 이룩한 과학 발전이 인간을 행복하게 하는지 이야기 나누고자 합니다.
용어	과학 : 보편적인 진리나 법칙의 발견을 목적으로 한 체계적인 지식 발전 : 더 낫고 좋은 상태나 더 높은 단계로 나아감. 행복 : 생활에서 충분한 만족과 기쁨을 느끼어 흐뭇함. 또는 그러한 상태

논점		반대 측
논점 1	주장	인간의 존엄성을 무시한다.
	근거	『멋진 신세계』에는 자유의지와 꿈과 감성을 가진 고뇌하는 인간은 존재할 수 없습니다. 소수의 알파플러스 계급에 의해 통제되고 지배되는 노예 집단은 자신들의 삶이 얼마나 비참한지 알지 못합니다. 지성과 사고를 가지고 있는 최상위 계급의 사람들조차 자신이 누리고 있는 특권을 누리고 그 체계를 유지하는 것만을 생각합니다. 그들은 사회 안정을 위해 개인적 가치를 철저히 배제합니다. "나 자신이 된 것 같은 느낌이 든단 말이오, 타인의 일부나 혹은 사회 조직체 속의 한 세포에 불과하지 않고 말이오."라는 버나드의 외침이 레니나를 두려움에 떨게 만들 정도로, 집단을 배제한 개인

논점 1	근거	은 상상조차 불가한 불온한 사상으로 취급됩니다. 이곳에서 개인은 만인을 위해 존재할 뿐 자신을 위해 존재할 수는 없습니다.
논점 2	주장	인간의 다양성이 인정되지 않는다.
	근거	멋진 신세계의 사람들은 감정과 열정, 개성이 없습니다. 그들은 사회를 불안하게 할 수 있다는 이유로 사랑, 분노 따위의 감정을 가질 수 없도록 교육받았고, 또 감정을 가져서도 안 됩니다. 빈 감정의 자리를 채워주는 것은 1그램의 소마입니다. 마찬가지로 어떤 일이나 사람이나 문제에 대한 열정도 없습니다. 모든 것은 완벽하게 굴러가게 되어 있기 때문에 굳이 그런 마음을 가질 이유 자체가 없기도 하지만 감정과 마찬가지로 반사회적인 행동을 유발할 수 있기 때문에 허용되지 않는 것입니다. 또 행복과 안정을 이유로 개성이 인정되지 않습니다. 가장 상위 계급을 제외하고 적어도 같은 계급의 인간은 동일한 생각을 하고 비슷한 모습으로 살아갑니다.
논점 3	주장	사람다운 소통이 이루어지지 않는다.
	근거	레니나와 그의 동료 패니의 대화를 살펴보면 수면교육법을 통한 세뇌나 소마에 의해 조장된 탓도 있겠지만 이성 문제나 외모, 패션에 대한 대화가 주를 이루며 어떠한 진지함이나 상대에 대한 관심은 읽을 수 없습니다. (P. 120) 버나드는 레니나에게 호숫가를 산책하자고 합니다. 레니나는 산보와 이야기, 오후를 그런 식으로 보낸다는 것은 좀 어색하다고 생각했습니다. 이렇듯 버나드와 레니나의 만남에 있어서도 레니나는 항상 전자기 골프, 수영, 성관계 등을 연관시킬 뿐 상대의 내면에 관심을 보이지 않습니다. 생각이 필요한 대화에서는 수면교육법에서 익힌 말들을 반복할 뿐이고, 말초 신경만을 자극할 뿐인 촉감 영화나 장애물 골프와 같은 레저 활동만이 관심의 대상입니다.

찬성 측 반론

	주장	인간의 존엄성을 무시한다.
	반론	과학의 발전으로 인해 미래에는 『멋진 신세계』처럼 인간성이 파괴되고 고뇌하는 인간이 존재하지 않을 거라고 하셨는데 이는 작가의 기우에 불과합니다. 과학 문명의 혜택으로 단순 노동에서 해방되어 시간이 생깁니다. 사람들은 여가 시간을 이용하여 취미, 여행 등 윤택한 삶을 누릴 수 있게 되고 자아실현을 위해 쓸 수 있습니다. 오히려 인간이 인간답게 살 수 있는 환경이 조성되고 있다고 할 수 있습니다.
찬성 측 반론 4분	주장	인간의 다양성이 존재하지 않는다.
	반론	이 소설은 예언서가 아닙니다. 과학의 발전이 사람의 감정을 통제하여 반사회적 행동을 감소시키며 개성이 인정되지 않는다고 하셨는데 그것은 과학이 전체주의적인 지배 체제와 맞물려 갔을 때의 극단적인 모습입니다. 현재 과학이 발전함에 따라 직업도 더 다양해지고 세분화되는 것을 볼 수 있습니다. 예를 들어 IT 관련 직종 등은 불과 50년 전만 하더라도 상상할 수 없었던 것이었습니다. 인간이란 끊임없이 호기심을 갖고 질문하는 존재입니다. 영화 아일랜드에서도 생각이 없다고 여겼던 복제 인간들이 인간 본연의 속성인 호기심으로 세상을 찾아가는 과정이 나옵니다. 인간의 알고자 하는 욕망이 과학의 발전을 가져왔고 문명을 이루었습니다. 그리고 그 모습은 아주 다양하게 나타나고 있습니다. 역사상 히틀러나 뭇솔리니처럼 전체주의 하에서 획일주의를 추구하던 적이 있었지만 인간에게는 자정 능력이 있어 과오를 정정해 나갈 수 있는 힘이 있습니다.
	주장	인간다운 소통이 이루어지지 않는다.
		과학이 발전하면 이 소설처럼 감정이 억제되어 인간의 내면에 관

찬성 측 반론 4분	반론	심을 보이지 않고 서로 인간다운 소통이 이루어지지 않는다고 하셨는데 현재의 우리의 모습은 어떻습니까? 이동 수단의 발달과 더불어 통신 기술의 발달로 전 세계가 일일 생활권으로 축소되어 외국에 있는 사람과도 수시로 안부를 주고받는 세상이 되었습니다. 또한 인터넷 공간 안에서 커뮤니티를 형성하는 등 사람 사이의 간격을 줄이고 소통을 원활히 하는데 도움을 주고 있습니다. 행복 심리학을 전공한 서은국 연세대 심리학과 교수는 기존 연구들을 통해 인간이 사회적 교류를 할 때 가장 행복하다고 말합니다. 그러므로 사람 사이의 거리를 가깝게 하는 현대 과학 문명의 발달이야말로 인간을 행복하게 하는 밑거름이라 할 수 있습니다.

재반론

반대 측 재반론 2분	찬성 팀에서는 '과학의 발전은 인간을 행복하게 한다'의 논점으로 첫째 질병으로부터 자유로울 수 있다. 둘째 안정된 사회를 구현한다. 셋째 인류의 삶을 풍요롭고 윤택하게 한다고 하셨습니다. 우리 팀의 논점은 첫째 과학기술의 남용으로 인간성을 파괴한다. 둘째 인간의 다양성이 인정되지 않는다. 셋째 사람다운 소통이 이루어지지 않는다 입니다. 쟁점은 '행복의 기준을 물질에 둘 것인가? 정신에 둘 것인가?'의 문제입니다. 『멋진 신세계』의 인간들은 과학의 발전으로 편안하고 안락한 생활을 하며 안정된 사회 속에서 모두가 만족합니다. 그러나 그들은 자유와 권리를 빼앗긴 사실조차 알지 못합니다. 물질적 풍요로움을 얻는 대신 사회, 집단, 국가의 중요성을 강요당하며 전체의 이익을 위해 개인의 삶은 존중받지 못합니다. 사람은 누구나 존중되어야 합니다. 완벽하게 통제된 사회에서 정해진 틀에 갇혀 사는 그들의 모습은 기계의 부품이나 노예와도 같습니다. 그들이 느끼는 물질적 만족은 진정한 행복이라고 할 수 없습니다.
찬성 측 재반론 2분	찬성 측 주장은 첫째, 과학은 질병으로부터 자유롭게 해준다. 둘째 안정된 사회를 구현할 수 있다. 셋째 인류의 삶을 윤택하게 해준다이며 반대 측 주장은 첫째, 과학기술의 남용으로 과학은 인간성을 파괴한다. 둘째, 과학은 인간의 다양성을 인정하지 않는다. 셋째, 인간답고 사람다운 소통이 이루어지지 않는다라고 하셨습니다. 과학은 양날의 칼입니다. 누가 그 칼자루를 쥐고 있습니까? 바로 우리 인간입니다. 과학을 잘 이용하면 더 할 수 없는 혜택과 풍요로운 행복을 줍니다. 결국 우리 인간의 행복을 말할 때 과학 없이는 생각할 수 없게 되었습니다. 과학의 발달로 우리는 생활수준이 향상되었고, 여가 시간이 많아졌으며, 자원의 효율성도 매우 증대되었습니다. 또한 통신 기술의 발달로 인간들의 소통에 많은 도움을 주었습니다.

| 찬성
측
재반론
2분 | 이제 과학은 인간의 철학적 사고에 미치는 영향은 물론이고 인간 생활 그 자체가 되었습니다. 그러므로 과학은 인류 복지 향상과 행복하고 인간다운 사회 발전에 매우 필연적일 수밖에 없습니다. |

최종 변론

반대 최종 변론 2분	인간에게 인생의 궁극적인 목표는 행복입니다. 행복이란 생활에서 느끼는 만족과 기쁨을 느끼는 상태를 말합니다. 미국의 하버드대학 의과 대학교 수이자 브리검 여성병원 연구 소장 '조지 베일런트' 박사의 책『행복의 조건』에는 세 가지가 필요하다고 했습니다. 첫째, 긍정적 생각으로 사랑하는 이들과 사랑하고 일하며 같이 배우는 것을 애기하는 것. 둘째, 건강하게 나이 들기. 셋째, 품위 있게 나이 들기. 어디에도 과학 애기는 없습니다. 단순히 물질적인 면에서 본다면 과학은 인류의 행복에 기여했고 생활이 편리해진 것은 사실입니다. 본문에 원시인 존은 "저는 편안하고 안락한 것이 싫어요. 저는 불편한 것이 더 좋아요. 저는 신과 시, 진정한 위험과 자유, 그리고 선과 죄를 원하고 불행할 권리를 원합니다."라고 말합니다. 희로애락이 있고 생로병사가 있는 것이 인생입니다. 불행의 순간을 잘 극복하는 데서 얻어지는 것이 진정한 행복이지 동물원에서 사육당하는 편안한 삶이 행복이 아님을 말한 것입니다. "나는 생각한다. 고로 존재한다." 과학은 인류의 발전을 위한 도구일 뿐이지 인간의 궁극적인 행복일 수 없으며 인간의 행복을 좌우하지도 않습니다.
찬성 최종 변론 2분	인간의 모든 행위가 궁극적으로 행복을 추구하기 위한 것이라면 우리가 과학의 발전을 추구한다는 것은 궁극적으로 행복을 추구하는 하나의 과정입니다. 그러기에 우리가 추구하고 있는 과학의 발전이 원래의 목표대로 행복의 양을 늘리고 있다는 것을 인정해야 합니다. 과학의 기본 관점은 인간과 환경에 더 많은 도움이 되도록 기술에 영향을 미치는 것으로 과학의 발달은 시력으로 좌절한 삶을 살고 있는 이들, 사고로 평생 휠체어 신세를 지고 있는 이들, 암으로 사형 선고를 받고 있는 이들, 그리고 불치병을 앓고 있는 이들 등 수많은 사람들에게 희망의 끈을 줍니다.『멋진 신세계』에서는 사람들이 질병으로부터 벗어나 자신의 생활에 만족하면서 안정된 삶을 살아갑니다. 우리는 긍정적으로 변화하는 과학기술에 대해 미래를 수용하는 자세를 갖추어야 합니다. 또한 긍정적으로 사회를 변화시키고 인

류의 생존에 도움을 줄 수 있고 인간의 궁극적인 목표인 행복을 누리는 것이라야 한다고 생각합니다.

＊ 주장에 대한 설명의 근거를 가져올 때는 일차적으로 책에서 가져오고 반드시 책의 쪽수를 언급해야 한다. 다음으로 관련 도서나 사회현상에서 가져올 때에는 반드시 객관적이고 사실적 근거임을 증명할 수 있도록 해야 한다.

Book Debate

2. 독서디베이트 입론서 쓰기

▶ 독서디베이트 요약형 입론서 이렇게 쓴다

논제	워킹맘의 자녀가 전업맘의 자녀보다 행복하다.
논의 배경	『엄마가 사라졌다』에서 세 아이를 키우며 집안일과 직장 일을 병행하는 워킹맘 버나뎃은 마흔 살 생일날 12살 아이로 변해 버린다. 엄마가 사라진 가운데 큰아들 패트릭은 바쁜 아빠를 도우며 동생들을 돌보고 집안일을 하게 된다. 워킹맘의 자녀로 자란 패트릭은 이런 상황을 슬기롭게 헤쳐 나가며 엄마가 다시 마흔 살로 되돌아오게 하는 데에도 결정적인 역할을 하게 된다. 서울시 여성능력개발원은 2013년 4월 서울시 초중고생을 대상으로 설문 조사를 한 결과 일하는 엄마가 좋다는 학생이 싫다고 응답한 학생보다 많았다고 한다. 능력 있는 엄마의 모습이 좋고 배울 점도 많다는 것이 이유였다. 『엄마가 사라졌다』의 패트릭의 모습과 최근 설문 조사 결과를 통해 볼 때 '워킹맘의 자녀가 전업맘의 자녀보다 행복하다'는 논제는 어떻게 평가되어야 할까?
용어 정리	• 워킹맘(재정의) : 자녀를 둔 상태에서 직업을 가진 여성 • 전업맘(재정의) : 자녀를 둔 상태에서 직업을 가지지 않은 여성 • 행복(사전적 정의) : 생활에서 충분한 만족과 기쁨을 느끼어 흐뭇함. 또는 그러한 상태이다.

논점		찬성 측	반대 측
논점1	주장	워킹맘의 자녀는 혼자 힘으로 문제를 해결해야 하는 경우가 많아 문제 해결 능력과 자립심의 향상으로 자존감이 높아진다.	워킹맘의 자녀는 형이 동생을 돌보게 될 경우가 많아 형에게 너무 많은 책임을 지우게 된다.
	근거	패트릭은 엄마가 사라진 이후 동생을 돌보고 집안일을 한다. 또한 엄마가 마흔 살로 돌아오게 하기 위해 엄마가 부탁한 물건들을 모두 찾아낸다. 이렇게 혼자 힘으로 문제를 해결하는 경험을 통해 아이의 자존감은 높아질 것이며 그렇기 때문에 워킹맘의 자녀는 행복하다.	패트릭은 보살핌의 손길이 필요하지 않게 된 순간부터 동생을 보살피는 처지가 되었다. 하지만 패트릭은 동생에 대한 책임보다는 부모의 보살핌이 필요하고, 동생보다는 친구들과 보내는 시간을 더 좋아하는 나이이기 때문에 워킹맘의 자녀가 전업맘의 자녀보다 행복하지 않다.
논점2	주장	워킹맘의 자녀는 전업맘의 자녀보다 경제적으로 좀 더 풍요로운 환경에서 자랄 수 있다.	워킹맘의 자녀는 엄마가 집에 없는 것에 대해 불안감을 느낄 수 있다.
	근거	버나뎃 부부가 맞벌이를 함으로써 경제적 상황이 좋았기 때문에 아이들이 피아노, 야구, 가라테 등을 배웠으며, 버나뎃이 집에 없는 동안에는 파출부, 가정교사, 베이비시터를 고용해서 아이들을 잘 돌볼	패트릭은 엄마가 사라진 이후 불안하기 때문에 잠을 제대로 이룰 수 없었고 늦잠도 잘 수 없었다. 아빠가 집에 있는 것은 엄마가 집에 없다는 사실을 더욱 상기시키는 꼴이 되었다. 엄마의 부재로 인한 자녀

논점		찬성 측	반대 측
논점2	근거	수 있었다. 이러한 경제적 풍요가 주는 생활의 편안함 때문에 워킹맘의 자녀는 행복하다.	의 불안정한 정서 때문에 워킹맘의 자녀가 전업맘의 자녀보다 행복하지 않다.
논점3	주장	엄마가 열심히 일하는 모습을 보면서 자녀가 여러 가지 긍정적인 영향을 받을 수 있다.	워킹맘의 자녀는 엄마가 만든 음식보다는 건강에 좋지 않은 집 밖에서 만든 음식을 먹을 때가 많다.
	근거	패트릭이 엄마를 찾기 위해 테네시주 경찰이 아닌 신문사에 전화를 걸고, 빵집에서 일해 보려는 생각을 하는 것은 엄마가 일하는 것을 긍정적으로 받아들였기 때문이다. 엄마가 일하는 모습은 자녀에게 사고의 폭을 넓히며 긍정적인 영향을 줄 수 있기 때문에 워킹맘의 자녀는 행복하다.	닐은 학교 식당의 점심을 음식이라고 할 수 없다고 했고, 엄마가 집에서 만든 것과는 비교도 되지 않는 빵을 먹고 토하고 말았다. 아이가 엄마의 정성이 담기지 않은 집 밖 음식을 사 먹게 되는 경우가 계속되면 건강이 나빠질 가능성이 있으므로 워킹맘의 자녀가 더 행복하다고 할 수 없다.

논제: 베짱이의 삶은 바람직하다

극동대학 사회복지학과 손혜진

• 찬성 측 입론

안녕하십니까. 논제 '베짱이의 삶은 바람직하다'의 찬성 측 입론을 맡은 손혜진입니다.

어떤 숲 속에 개미와 베짱이가 살았습니다. 개미는 겨울을 대비하기 위해 뙤약볕 밑에서 식량을 모았으며, 베짱이는 나무 그늘에 앉아 악기를 튕기면서 노래를 불렀습니다. 어느 날 노래를 하던 베짱이는 일하는 개미를 보며 어리석다며 비웃었습니다.

어느덧 겨울이 되었고 베짱이는 악기를 들고 추위와 굶주림에 떨면서 개미 집으로 찾아가 구걸을 했습니다. 그러나 베짱이는 개미에게 문전박대를 당했고 베짱이는 추위와 굶주림 속에서 죽었다는 결말과 개미가 받아줘서 겨울을 같이 보냈다는 결말이 있습니다.

이러한 내용을 바탕으로 우리는 베짱이의 행동이 바람직한가에 대하여 논의를 하고자 합니다. 저희 팀은 하고 싶은 일을 하고 사는 베짱이의 삶이 바람직하다고 주장합니다.

먼저 용어 정리를 하자면 삶이란 살아 있음, 목숨 또는 생명을 말합니다. 또, 바람직함이란 바랄 만한 가치가 있음을 뜻합니다. 그러므로 저희는 바람직한 삶이란 바랄 만한 가치가 있는 인생이라고 정의 내렸습니다. 저희 팀은 다음과 같은 이유로 베짱이의 삶이 바람직하다고 주장합니다.

첫째, 하고 싶은 일을 하는 사람은 그렇지 않은 사람보다 더 능률적이며 행복합니다.

베짱이처럼 자신이 하고자 하는 일을 알고 지속적으로 개발한다면 보장되지 않은 미래에 대한 끊임없는 준비로 대학에 가기 급급한 일반 학생들과 달리 더욱 성취감이 있고 자기만족도가 높은 일을 할 수 있으며 그로 인해 일의 능률과 성공률이 증가하게 됩니다. 근거로 2013년, 7월 31일자 베리타스알파 기사에 따르면 자기가 하고 싶은 공부를 하는 대학생이 모든 면에서 그렇지 않은 학생을 압도하는 것으로 나타났습니다. 다시 전공을 선택해도 동일 학과를 선택하겠다는 '전공 일치자'는 취업률, 월급, 졸업 평점 등 모든 지표에서 전공 불일치자보다 높았습니다. 반면 전공 불일치자는 재학 기간 연장, 졸업 평점 저하 등 대학 생활에 어려움을 겪고 있는 것으로 보였습니다.

게다가 전공 불일치자는 대학 생활뿐만 아니라 노동시장에서도 좋지 않은 영향을 미쳤습니다. 전공 불일치자의 취업률은 전공 일치자에 비해 2.3% 정도나 낮았으며 일명 대기업, 외국계 기업, 정부 기관, 교육 기관, 연구 기관 등 '괜찮은 일자리'라고 불리는 직종의 취업률은 평균 4% 정도의 차이를 볼 수 있었습니다. 즉 성공은 행복과 직결되기 때문입니다.

둘째, 사람의 삶은 한 번 뿐이고 또한 짧기 때문에 하고 싶은 일을 해야 합니다.

WHO에서 발표한 현재 인간의 평균 수명은 70세로서 사람은 그리 길지 않은 인생을 살고 있습니다. 게다가 대한민국은 OECD 국가 중 자살, 암, 교통사고 사망률 부분에서 1위를 차지할 정도로 사회적 환경이 좋지 못합니다.

최근 통계청은 대한민국의 자살률이 높은 이유가 극심한 취업난과 고용 불안정, 열등감, 성공 지상주의 문화, 다양성을 인정하지 않는 이분법적인 논리의 만연 등이 주요 원인이라고 발표했습니다. 또 해결 방법으로 지나친 경쟁 위주의 사회 풍토 개선 및 개개인의 개성을 존중해 주고 각자 흥미를 느끼는 분야에 마음껏 끼를 발휘하도록 함으로써 자존감과 행복감을 느끼도록 해야 한다고 설명하고 있습니다.

저희는 가지고 있는 환경을 다 누리기도 벅찬 지금 이 시대에 경쟁력을 길러야 한다는 사회적 압박 때문에 자신이 원하는 모든 것을 포기하면서까지 준비하는 것이 과연 그 사람을 행복으로 이끌어 줄 것인가에 대해서 의문을 제시합니다.

셋째, 스스로가 길을 찾는 노력이 우선되어야 합니다.

아직까지 우리나라는 다른 사람들의 이목을 신경 쓰느라 자신이 원하는 일보다 남들이 보기에 괜찮은 일자리를 추구하는 경향이 강합니다.

하지만 앞에서도 말했듯이 사회에서 인정하는 소수의 직장에 입사하기 위한 경쟁률은 매우 높고, 이러한 직장을 얻기 위한 수순으로 명문대에 진학하기 위해 많은 돈과 시간을 소비하는 게 당연하다는 듯이 여겨집니다. 하지만 지금 시대의 흐름은 자신의 적성과 흥미를 찾아 그것을 자신의 미

래와 직장에 연결시키는 것을 추구하고 있습니다.

근거로 2013년 11월 26일 동아일보 기사에 항공 정비 분야의 경우 사람들의 생활수준 향상, 국제화에 따른 국내외 여행객 및 각종 국제 행사의 증가 등의 영향으로 전망이 밝은 진로로 꼽힙니다. 하지만 관련 명장은 항공 정비 분야 진로를 결정할 때 고려해야 할 가장 중요한 요소로 '흥미'를 꼽았습니다. '항공사에서 일하면 연봉을 많이 받을 것 같다' 또는 '멋있어 보인다'는 환상을 갖고 진로를 결정하면 관련된 광범위한 자격 공부에 지치고 어려운 용어를 공부하다 적성에 안 맞는다는 이유로 중도 포기한다고 합니다.

미래를 위한 준비만 하는 게 능사가 아닙니다. 우리는 자신이 원하는 일을 먼저 찾는 노력을 우선해야 합니다. 지금까지 세 가지 근거를 토대로 '베짱이의 삶은 바람직하다'라는 논제에 대한 찬성 측 입론을 마치겠습니다. 감사합니다.

• 반대 측 입론

　논의 배경과 용어 정의는 찬성 측이 잘 정리해 놓으셨기에 그 내용에 동의하며 저희 반대 측은 저희 측의 주장만을 펼치겠습니다.

　저희는 '베짱이의 삶은 바람직하다'라는 논제에 반대합니다.

첫째, 바람직한 삶은 변함없이 행복해야 한다는 것입니다.

　물론 행복의 기준은 각자가 다릅니다. 그런데 개미는 겨울에 대비한 식량을 비축함으로써 행복을 얻을 수 있었으며, 베짱이는 노래를 통해 행복했습니다. 베짱이는 현실의 행복만을 추구하였으며 개미처럼 겨울에 대비하지 않았습니다. 현재만을 즐기는 베짱이에게 미래란 전혀 준비 없는 먼 일인 것입니다. 그리하여 '노력 없이는 좋은 결과를 바라지 말라'는 말처럼 베짱이는 자신의 게으름에 대한 결과로 비참한 결과를 맞이하게 됩니다.

　이야기 속에서 베짱이는 겨울에 추위와 굶주림의 시련 속에서 일을 하지 않고 놀기만 했던 자기 자신을 후회했습니다. 즉 겨울에 베짱이는 행복하지 않았습니다. 자신의 목표를 위해 매일 열심히 일함으로써 풍족하던 개미는 여름에도 겨울에도 행복했습니다. 현재만의 행복을 생각하며 즐기기만 하다가 자신의 상황을 후회하며 불행한 삶을 살고 있는 베짱이의 삶은 바람직하지 않다고 개미를 통해 알 수 있습니다.

둘째, 내일을 예측하지 못하는 어리석은 삶은 바람직하지 않습니다.

　베짱이는 뙤약볕에서 일을 하는 개미에게 노래를 부르며 열심히 일만

하는 행동이 어리석다 비웃었습니다. 하지만 후에 개미를 찾아가 도움을 청하게 됩니다. 즐기는 삶, 행복한 삶, 꿈을 향한 삶, 모두 중요합니다. 하지만 남을 비웃고 있다가 겨울이라는 위기의 순간에 개미를 찾아가 구걸합니다. 자신의 문제를 스스로 해결하지 못하고 남에게 의지하며 빌붙는 베짱이의 삶은 본받을 점이 못됩니다.

셋째, 자신의 재능을 미래에 대한 준비 없이 사용한 것은 바람직하지 않습니다.

베짱이 자신의 미래에 대한 계획이 없다는 것입니다. 개미는 자신보다 큰 물건들을 들 수 있습니다. 그 재능을 식량을 모으는데 힘썼습니다. 베짱이는 노래가 곧 재능이라 할 수 있습니다. 하지만 자신이 가지고 있는 노래의 재능을 겨울을 보내기 위한 식량을 모으거나 보금자리를 찾는 것에 활용하지 않았고, 자신을 위한 미래 개발도 하지 않으며 단지 자신의 유흥을 위해서 사용한 무책임한 행동에 대하여 바람직하지 않다는 것입니다.

오늘이 있기에 미래가 있을 수 있다고 할 수 있다. 하지만 불안정한 미래에 대한 대비를 하지 않고 무분별하게 인생의 쾌락을 즐김으로써 비생산적인 결과를 초래하고 영원히 사회에서 도태될 수 있다는 위험성을 안고 있는 베짱이의 삶은 바람직하지 않다고 주장합니다. 이러한 이유로 베짱이의 행동에 대해서는 본받을 만하지 않으며 이번 논제 '베짱이의 삶은 바람직하다'에 대해서는 반대합니다. 이상으로 입론을 마치겠습니다.

3. 독서디베이트 학습활동지 예제

▶ 디베이트 실습 보고서

- 책 제목 : 늑대가 들려준 아기돼지 삼형제 이야기
- 논　　제 : 아기돼지 삼형제를 공격한 늑대의 행동은 정당하다.
- 날　　짜 : 2013년 6월 20일

대상	초등학교
도서	늑대가 들려주는 아기돼지 삼형제 이야기
논제	아기돼지 삼형제를 공격한 늑대의 행동은 정당하다.
논의 배경	『아기돼지 삼형제』 이야기를 늑대의 입장에서 서술한 패러디 동화이다. 늑대는 감기에 걸린 상태로 생일 케이크를 만들다가 설탕이 부족해서 이웃인 돼지네 집으로 설탕을 빌리러 갔다. 그러나 너무도 허술하게 지은 첫 번째 돼지의 집 앞에서 그만 재채기를 하고, 집이 박살이 나 버린다. 그리고 죽어 있는 첫 번째 돼지를 먹고 말았다. 두 번째 돼지도 첫 번째 돼지처럼 재채기가 나서 집이 무너지고 늑대는 사고로 죽은 돼지를 먹고 만다. 늑대가 마지막 셋째 돼지에게 설탕을 빌리러 갔는데 세 번째 돼지가 자신의 할머니를 욕하는 말에 늑대는 재채기를 억지로 하고 문을 부수려고 한다. 마침 그때, 돼지 신문기자와 돼지 경찰이 와서 늑대가 하는 것을 보고 그럴 듯하게 꾸며서 신문에 쓰고 늑대를 감옥에 가둔다.
(찬성)논점1	첫째, 둘째 돼지의 죽음은 사고였다.

(찬성)논거1	늑대는 감기에 걸려 있었고, 설탕을 얻으러 갔다가 부실 공사로 지어진 첫째, 둘째 돼지의 집이 재채기로 무너져서 생긴 사고이다.
논점2	늑대의 공격에는 의도성이 없었다.
논거2	첫째 돼지는 집에 있었지만 없는 척 이웃을 무시했고, 둘째 돼지는 무례한 말을 해서 늑대의 기분을 상하게 했다. 셋째 돼지는 결정적으로 늑대의 가족인 할머니를 모욕했다. 누구라도 자신의 가족을 모욕하면 화가 날 것이다.
논점3	늑대는 육식동물이다.
논거3	돼지는 사고로 죽었고 늑대는 식욕이 왕성한 육식동물이다. 초등학교 아이들이 치즈버거를 좋아하는 것처럼 늑대도 고기를 좋아한다. 배고플 때 식탁 앞에 있는 치즈버거를 지나치지 못하듯 배고픈 늑대에게 죽어 있는 돼지를 먹고 싶은 것은 당연하다.
(반대)논점1	늑대의 행동은 충분히 폭력적이다.
논거1	세 번째 돼지가 늑대의 할머니를 욕했을 때 말로 풀어 나가려고 하기 보다 억지로 재채기를 하면서 문부터 부수려고 했다. 이웃에게 화가 난다고 문을 걷어차고 재채기로 집을 날려 버리려고 하는 것은 충분히 폭력적이라고 할 수 있다.
논점2	돼지 삼형제는 늑대의 이웃이다.
논거2	아무리 늑대가 작고 귀여운 동물을 잡아먹는 육식동물이라도 설탕을 빌리고자 찾아간 이웃이다.
논점3	늑대의 재채기도 얼굴을 돌려서 할 수 있었다.
논거3	갑자기 나오는 재채기도 상대에게 피해를 입히지 않게 하기 위해 돌려서 할 수도 있었다. 자신의 힘을 알고 집을 무너뜨리려는 늑대의 의도성이 의심된다.
반론(찬성 팀)	1. 늑대의 행동은 충분히 폭력적이다. – 늑대는 감기에 걸렸고 늑대가 처음부터 화를 낸 건 아니었다. 설탕을 빌리고자 찾아갔고 감기에 걸려서 재채기를 했는데 부실한 집을 지은 첫째, 둘째 돼지의 집이 무너져서 생긴 사고일 뿐이다. 또 셋째 돼지의 집에 갔을 때도 "돼지 씨, 돼지 씨 안에 있소?" 라면서 정중

반론(찬성 팀)	하게 노크를 했다. 하지만 셋째 돼지는 늑대가 사랑하는 가족인 할머니를 욕했다. 2. 돼지 삼형제는 늑대의 이웃이다. ─이웃도 이웃 나름이다. 첫째 돼지는 집에 있으면서 없는 척했고, 둘째 돼지는 무례한 말로 기분을 상하게 했다. 셋째 돼지는 심지어 늑대의 할머니를 욕하기까지 했다. 이웃은 서로 예의를 지켜야 하는 것이다. 3. 늑대의 재채기는 얼굴을 돌려서 할 수 있었다. ─얼굴을 돌려서 할 여유가 없을 때도 있다. 늑대도 재채기 정도로 집이 무너질 거라 생각하지는 못했을 것이다. 집을 부실하게 지은 것이 더 문제이지 재채기가 문제는 아니다.
반론(반대 팀)	1. 첫째, 둘째 돼지의 죽음은 사고였다. ─사고를 깨달았을 때 얼른 돼지 가족들에게 알려야 했다. 또는 먹기보다 무덤을 만들어 줄 수도 있었다. 사고라고 하면서 늑대 자신의 배를 채우는 것은 너무한 일이다. 2. 늑대의 공격에는 의도성이 없었다. ─적어도 셋째 돼지에게는 의도성이 있었다. 늑대 자신도 자신의 가족을 욕하는 것은 참을 수 없다고 말한 바 있다. 화가 난다고 집을 부수고 폭력을 행사하는 것은 옳지 못하다. 3. 늑대는 육식동물이다. ─육식동물이 먹이가 될 수 있는 돼지의 집으로 설탕을 빌리러 가는 것은 뭔가 다른 목적이 있어 보인다. 순수하게 설탕을 빌리고자 했다면 여우나 다른 승냥이의 집을 선택했어야 의심을 피할 수 있었을 것이다.
교차 질의	• 반대 팀─이웃이 맘에 안들면 욕해도 된다고 생각하나? 고기를 먹는 동물이라고 말하면서 돼지를 이웃이라고 말하는 것은 서로 모순된 표현 아닌가? • 찬성 팀─재채기가 갑자기 나와서 상대에게 침을 튀게 한 적이 있나? 내 가족을 욕했을 때 그저 가만히 있을 것인가?

재반론 (찬성 팀)	감기에 걸려서 몸이 좋지 않고 첫째, 돼지의 무시와 무례한 말을 들은 상태에서 돼지 가족들에게 알릴 여유와 마음이 되지 않았을 것이다. 늑대의 공격은 의도성이 있다고 보기 어렵다. 셋째 돼지의 집도 부수려고 했다기 보다 화가 나서 한 행동을 돼지 기자들이 돼지 입장에서 기사를 쓴 것이다. 늑대 신문의 기자들이 글을 쓴다면 그렇게 늑대를 나쁘게 말하지는 않았을 것이다. 늑대는 육식동물이라는 태생의 문제로 억울하게 '나쁜 늑대'라는 오명을 쓴 것이다.
재반론 (반대 팀)	스스로 작고 약한 동물을 먹는 족속이라고 인정하면서 작고 약한 동물인 돼지의 집에 노크를 하는 속마음은 돼지를 잡아먹고 싶은 것이 아닐까 싶다. 결국 첫째, 둘째 돼지는 늑대의 배 속에 있으므로 결과적으로는 늑대의 식성대로 된 것이다. 결국 케이크를 만들기 위한 설탕은 핑계이고 돼지들을 먹고 싶은 본성을 살짝 가린 것 뿐이다. 재채기해서 집이 무너졌다고 해서 계속 그런 방식을 쓰는 것 또한 늑대의 폭력성을 합리화하는 것이다. 돼지 삼형제가 이웃이라고 생각한다면 사고가 생겼을 때 가족들에게 알리고 무덤을 만들어 줬어야지 먹을 일이 아니다. 늑대는 이웃을 빙자해 돼지들을 힘들이지 않고 잡아먹으려 한 것이다. 그러므로 늑대의 행동은 정당하지 않다.
최종 변론 (찬성 팀)	첫째, 둘째 돼지들의 사고는 안타까운 일이다. 하지만 그것은 집을 부실하게 짓고 제대로 보수하지 않은 돼지들의 책임이 가장 우선적이라고 말하고 싶다. 늑대는 감기에 심하게 걸렸고 마침 재채기를 해서 부실한 집이 무너진 것이다. 또 늑대는 육식동물이지만 이웃인 돼지들과 친하게 잘 지내고 싶었다. 늑대는 육식동물이지만 돼지들을 의도적으로 공격하려고 한 것은 아니다. 다만 돼지들이 늑대를 무시하고 무례한 말과 가족을 모욕했기에 화를 낸 것 뿐이다. 따라서 아기돼지 삼형제를 공격한 늑대의 행동은 정당하다에 찬성한다는 주장이다.

최종 변론 (반대 팀)	상대가 기분 나쁘게 말한다고 내 생각대로 폭력을 행사하는 늑대같은 사람이 많다면 이 사회는 제대로 되지 않을 것이다. 상대가 기분 나쁘게 말한다면 잠깐은 화를 누르고 내 생각을 말해야 할 것이다. 늑대는 돼지가 무례하게 대하고 말을 기분 나쁘게 했다면서 억지로 재채기를 하고 집을 무너뜨리려고 했다. 이 세상은 고기를 먹는 늑대나 풀을 먹는 양이나 여러 가지를 다 먹는 돼지나 함께 살아가는 세상이다. 늑대가 힘이 있다면 무례한 돼지들을 감화시켜 친하게 지낼 수도 있을 것이다. 따라서 아기돼지 삼형제를 공격한 늑대의 행동은 정당하다에 반대한다.

• 아이들의 반응

디베이트를 처음하는 아이도 있고 학교에서 경험이 있는 아이도 있었는데 생각보다 수준이 높은 논쟁이 오갔다. 아이들은 『아기돼지 삼형제』를 패러디한 『늑대가 들려주는 아기돼지 삼형제 이야기』를 무척 재미있어 했고 논점과 논거도 꽤 잘 찾아냈다. 다음에도 또 디베이트를 하고 싶다는 소감을 밝혔고 서로 존중하는 모습이었다.

• 실습 후기

우수한 아이들을 만난 것 같다. 『아기돼지 삼형제』가 누구나 아는 익숙한 명작동화여서 내용 파악이 매우 편했다. 또 다른 관점에서 사건을 보는 패러디여서 디베이트에 대한 수업을 따로 하지 않았는데도 매우 잘 적응했다.

입론에서는 논의 배경을 주장을 위한 줄거리 소개 정도로 가르쳤는데도 의도에 잘 맞게 정리했다. 용어 정의는 사전을 참고해서 교사가 제공했다. 육식동

물이라는 늑대의 습성과 게으른 이미지라는 돼지의 습성이 사전에 잘 나와 있 어서 도움이 되었던 것 같다. 논점과 논거도 사전 독서토론에서 나온 얘기들을 잘 정리한 것 같다.

반론도 그렇게 과열되지 않으면서 나름의 주장을 잘 펼쳤다. 교차 질의에서 는 교사가 팁을 조금 주었다. 재반론과 최종 변론도 각자의 주장을 잘 정리했다 는 생각이다. 하지만 실전에서 어조나 태도의 당당함은 경험 있는 아이가 훨씬 잘했다. 역시 디베이트는 얼마나 많이 해 보았느냐에서 실력이 드러나는 것 같 다. 아이들의 디베이트를 보면서 큰 공부를 했다는 생각이 들었다.

4. 독서디베이트 활동 계획(12차시)

부제: 철학적 사고력과 표현력을 향상시키는 독서토론 교육

- 독서에 대한 흥미를 키우고 자기 주도적인 학습 습관을 기를 수 있다.
- 책을 읽고 자신의 생각을 표현할 수 있는 발표력이 향상된다.
- 폭넓은 독서로 배경지식을 쌓아 창의적 문제 해결 능력을 기를 수 있다.

전체 프로그램 차시별 주제와 목표(초등 5~6학년)

차시	도서명	목표	관련 교과
1	• 자기소개하기 • 독서 토의와 토론 디베이트 차이점 익히기	• 친밀감을 형성할 수 있다. • 독서, 토의·토론 디베이트 개념 및 디베이트 포맷을 익혀 책에 대한 흥미를 유발시킨다.	
2	• 논리 세우기 및 포맷 시연하기	• '공동주택에서 애완견을 키워도 된다'로 입론과 반론을 익힌 후 개인별 시강을 통해 발표력 향상 및 포맷 익히기	
3	• '공동주택에서 애완견을 키워도 된다'로 디베이트 하기	• '공동주택에서 애완견을 키우는 것에 대해 이야기하면서 공동체 정신을 배울 수 있다.	

차시	도서명	목표	관련 교과
4	• 자세하게 책 읽기 및 활동하기 도서 : 개똥보리밥과 며느리	주어진 책을 자세히 읽고, 깊이 읽어서 책 내용을 숙지할 수 있게 할 수 있다.	국어 도덕
5	•『개똥보리밥과 며느리』로 디베이트하기	디베이트를 통해『개똥보리밥과 며느리』책이 주는 철학적 가치를 찾고 생각해 볼 수 있다.	
6	• 비판적 듣기와 비판적 읽기 도서 : 행복한 청소부	사실과 의견을 구분하여 디베이트 리서치에 필요한 논거를 취합하는 능력을 배울 수 있다.	국어
7	•『행복한 청소부』로 디베이트하기	논제 : 청소부가 대학교수 자리를 거절한 것은 바람직하다.	
8	• 이야기 요약법과 안건 찾기 도서 : 꽃들에게 희망을	꿈을 이루기 위해 다른 사람을 희생시키는 것에 대해 토의할 수 있다.	국어
9	•『꽃들에게 희망을』으로 디베이트하기	전 시간에 했던 토의를 통해 자신의 목표를 발견하고 그것에 대해 노력하기 위해 어떻게 해야 하는지 알 수 있다.	
10	• 6단 논법과 에세이 쓰기 도서 : 6학년 1반 구덕천	• 6단 논법을 통해 토론과 논술의 연관 관계를 생각할 수 있다. •『6학년 1반 구덕천』활동지를 통해 토의하는 과정에서 책의 내용을 더욱 이해할 수 있다.	도덕

차시	도서명	목표	관련 교과
11	•『6학년 1반 구덕천』으로 디베이트하기	논제:왕따는 본인에게도 책임이 있다.	
12	•디베이트 심판과 강평 및 소감 발표하기	디베이트에 대한 자신의 생각 발표하기 및 정리하기	

참고 문헌

▶ 김병원, 『생각의 충돌』, 자유지성사, 2000.

▶ 「독서, 토론 논술 아카데미」, 서울중등독서토론논술연구회, 2010.

▶ 「독서디베이트」, 한국디베이트코치협회, 2014.

저자 최은희 ehchoi0105@hanmail.net

現 아렌디디베이트 아카데미 대표, 한국디베이트코치협회 교육 부문 대표

최은희 교수는 '독서디베이트'의 이론적 기초를 제공한 창안자이다. 20년 넘게 독서지도사와 논술지도사 양성 과정의 강사로 활동하면서 개발한 것이 '독서디베이트'이다. 토론식 교육을 접목시킨 '독서디베이트'는 그 누구도 모방할 수 없는 독특한 교육 체계이다.

저서로는 『맛있게 읽는 독서요리』를 공동 집필하였고, 『데미안』을 소재로 한 논술지도서와 〈한국디베이트코치협회〉의 독서디베이트 코치 양성 과정 교재를 집필했다.

현재는 독서토론으로 대학에서 강의를 하면서 한국디베이트코치협회의 교육 부문 대표로 전국에 있는 협회 소속 약 1,500명 독서디베이트 코치의 교육 역량을 지도 교육하고 있으며 도서관을 중심으로 공공 기관에서 개설한 독서디베이트 코치 연수 과정의 책임자로 독서토론 교육 전문가를 양성하고 있다.

저자 유 담 jmanmove@hanmail.net

現 한국디베이트코치협회 회장, 디베이트영재학교 교장

유 담 선생은 '교육운동가'이다. 고등학교 음악 선생으로 시작한 교육의 길, 영어·수학이 아니면 뒷골목 과목 선생 취급받던 시절에 올바른 삶의 가치관과 인성 교육에 뜻을 두고 지금까지 교육운동을 이어 오고 있다.

현재는 디베이트를 통한 토론 교육과 독서토론 동아리 확산 운동을 통한 교육운동을 펼치기 위해 〈한국디베이트코치협회〉라는 토론 교육 전문 기관을 설립해 이끌고 있다. '독서디베이트'라는 교육 콘텐츠를 최초로 개발하여 독서토론 교육 전문 교사를 양성하고 있다. 이 책은 그가 연구한 토론 교육의 이론과 교육 현장의 경험을 담아낸 '독서디베이트'의 교과서이다.